Der Geist des Aikidō

Kisshōmaru Ueshiba

Der Geist des Aikidō

Werner Kristkeitz Verlag

 Die Übersetztung aus dem Englischen unter Berücksichtigung der japanischen Originalversion besorgten Dewar Adair, Jutta H. Dietzow und Dr. Yoriko Yamada-Bochynek.

Werner Kristkeitz Verlag, Heltenstr. 1, 69181 Heidelberg-Leimen.

Gedruckt in Deutschland

ISBN 3 921508 37 1

Inhalt

GELEITWORT

Über die Jahrhunderte haben sich Religionen die Liebe und das Erbarmen zu eigen gemacht, und Philosophien haben die Ehrfurcht vor dem Leben gelehrt. Heutzutage stehen wir jedoch einer eskalierenden Gewalt gegenüber, die eine Eigendynamik außerhalb jedweder menschlichen Kontrolle zu besitzen scheint. In der Welt herrschen unversöhnliche Gegensätze zwischen Freund und Feind, Gut und Böse, dem Unterdrücker und dem Unterdrückten. Gewalt wird zur Unterdrückung, zum Zerbrechen und zur Eliminierung des Gegners eingesetzt. Sobald sie dies erreicht hat, sucht sie nach einem weiteren Gegner. Wie lange noch wird sich diese Gewalt weiter verselbständigen? Wie können die Gegensätze, die zwischen den Menschen bestehen, überbrückt werden? Wo ist die Kraft, die den Schmerz und das Leid lindert und heilt?

Es ist äußerst interessant festzustellen, daß es in der japanischen Geschichte immer Kampfkünste (*bugei*) gegeben hat, die ursprünglich entwickelt wurden, um dem Feind auf dem Schlachtfeld Verletzungen und Tod zuzufügen, die dann jedoch in den WEG der Kampfkünste (*budō*) umgewandelt wurden mit dem Ziel, das menschliche Selbst durch die Vereinigung von Körper, Geist und Seele zu vervollkommnen. Bereits im frühen siebzehnten Jahrhundert verwandelte der WEG des Schwertes das tötende Schwert in das lebenserhaltende Schwert. Dieser WEG der Kampfkünste befindet sich im Einklang mit dem WEG der Teezeremonie, dem WEG der Dichtung, dem WEG der Kalligraphie, dem WEG des Buddha sowie mit unzähligen anderen WEGEN, die in ihrer reinen Form das japanische Volk mit spiritueller Nahrung versorgt haben.

Das Training und die Disziplin, die alle WEGE – ob in den Kampfkünsten oder in den kulturellen Kunstformen – gemeinsam haben, bestehen aus den drei Ebenen der körperlichen, psychologischen und spirituellen Beherrschung. Auf der körperlichen Ebene dreht sich das Training um die Beherrschung der Form (*kata*). Der Lehrer führt eine Modellform vor. Der Schüler beobachtet ihn genau und wiederholt diese Form unzählige Male, bis er sie völlig verinnerlicht hat. Es wird weder gesprochen noch erklärt. Der Schüler ist beim Lernen auf sich allein gestellt. Durch die vollendete Beherrschung der Form wird der Schüler vom Festhalten an der Form befreit.

Diese Befreiung tritt aufgrund innerer psychologischer Veränderungen ein, die von Anfang an stattfinden. Die langwierige, sich wiederholende und monotone Lernroutine stellt das Engagement und die Willenskraft des Schülers auf die Probe. Außerdem vermindert sie Starrsinn, zügelt Eigenwilligkeit und beseitigt schlechte körperliche und geistige Angewohnheiten. Durch diesen Prozeß dringen die eigentliche Stärke, der Charakter und das Potential des Schülers bzw. der Schülerin langsam an die Oberfläche. Zwar ist die spirituelle Beherrschung von der psychologischen untrennbar, sie beginnt jedoch erst nach einer intensiven und längeren Zeit des Übens.

Der Kernsatz der spirituellen Beherrschung lautet: Das ichzentrierte Selbst wird zum ichlosen Selbst. In allen Kampfkünsten und kulturellen Kunstformen wird der freie Ausdruck des Selbst durch das eigene Ich blockiert. Beim WEG der Schwertkunst muß der Schüler die Körperhaltung und die Form so vollkommen beherrschen, daß keine Öffnung (*suki*) entsteht, die dem Gegner ermöglichen würde, einzutreten. Wenn dennoch eine Öffnung entsteht, kommt sie durch das eigene Ich zustande. Man wird angreifbar, sobald man innehält, um über das Siegen, das Verlieren, das Ausnutzen von Gelegenheiten, das Imponieren oder Ignorieren des Gegners nachzudenken. Wenn der Geist auch nur eine einzige Sekunde innehält, erstarrt der Körper, und die freie, fließende Bewegung geht verloren.

Der Zen-Mönch Takuan (1573-1645), Vertrauter des Yagyū Munenori (1571-1646), der Schwertmeister des Hauses Tokugawa war, schrieb in einer kurzen Abhandlung, *Tai-a Ki* (»Aufzeichnung über Tai-a«):

»In der Schwertkunst geht es nie darum, sich mit Sieg oder Niederlage, Stärke oder Schwäche zu beschäftigen. Es geht auch nicht darum, ob ich einen Schritt nach vorn oder einen Schritt nach hinten tue, ob ich vom Feind gesehen werde oder ob ich den Feind sehe. Indem man zu dem Urgrund vor der Teilung von Himmel und Erde vordringt, den nicht einmal Yin und Yang erreichen können, wird man der Kunst sofort mächtig.«

Tai-a ist ein mythisches Schwert, das allen Dingen, sowohl einem selbst als auch anderen, dem Protagonisten und dem Antagonisten, dem Freund und dem Feind, Leben schenkt.

Yagyū Munenori selbst betont die Überwindung

des Ichs durch Selbstdisziplin in der Schwertkunst. In einer als »Die Weitergabe der Kampfkunsttradition innerhalb der Familie« bekannten Abhandlung schreibt er, daß das Training in den Kampfkünsten dazu diene, sechs Arten von Krankheit zu überwinden: das Verlangen nach Sieg; das Verlangen, sich auf technische Schlauheit zu verlassen; das Verlangen, seine Fähigkeiten zur Schau zu stellen; das Verlangen, den Gegner psychologisch zu überwältigen; das Verlangen, sich passiv zu verhalten, um auf eine Öffnung zu warten, und das Verlangen, sich von all diesen Krankheiten zu befreien.

Letztendlich sind die körperliche, psychologische und spirituelle Beherrschung ein und dasselbe. Das ichlose Selbst drückt sich auf offene, flexible, geschmeidige, flüssige und dynamische Weise im Körper, im Geist und in der Seele aus. Wenn das Selbst ichlos ist, identifiziert es sich mit allen Dingen und allen Menschen und betrachtet sie nicht aus seiner ichzentrierten Perspektive, sondern aus der Perspektive ihrer eigenen jeweiligen Zentren. In einem Kreis unbegrenzten Umfangs wird jeder Punkt zur Mitte des Universums. Die Fähigkeit, das gesamte Dasein aus einer nicht-ichzentrierten Perspektive wahrzunehmen, ist ein Zentralpunkt des Shintōismus bei seiner Identifikation mit der Natur und bildet gleichzeitig das, was im Buddhismus Weisheit genannt wird, was wiederum in seiner höchsten Ausdrucksform nichts anderes als Erbarmen ist.

In der japanischen Tradition liegt eine solche Denkweise allen WEGEN – ob Kampfkünsten oder kulturellen Kunstformen – zugrunde. Aikidō ist eine moderne Ausdrucksform dieser Denkweise, die durch die geniale Schöpferkraft des Meisters Ueshiba Morihei (1883-1969) vervollkommnet wurde. In einem Vortrag, den er einmal vor einem allgemeinen Zuhörerkreis hielt, beschrieb er die Absicht seiner Kunst wie folgt:

»Budō dient weder dazu, den Gegner durch Kraft oder tödliche Waffen niederzustrecken, noch wird damit bezweckt, die Vernichtung der Welt durch Waffen oder sonstige unrechtmäßige Mittel herbeizuführen. Wahres Budō erfordert, daß die innere Energie des Universums in Ordnung gebracht, der Weltfrieden aufrechterhalten und alles in der Natur seinem eigenen Wesen gemäß sowohl geformt als auch bewahrt wird. Das Trainieren des Budō ist gleichbedeutend mit einem Stärken – sowohl in meinem Körper als auch in meinem Geist – der Liebe zu *kami*, der Gottheit, die alles in der Natur zeugt, schützt und pflegt.«

Meister Ueshiba unterstrich unaufhörlich, daß eine Kampfkunst eine schöpferische Kraft sein müsse, die Liebe zeugt, durch die wiederum ein kreatives, erfülltes Leben ermöglicht wird. Dies war die Kulminierung der lebenslangen Suche eines Mannes, der sich den Kampfkünsten verschrieben hatte. In einer seiner letzten Reden gab er folgendes kund: »Aikidō ist das wahre Budō, das Wirken der Liebe im Universum. Es schützt alles Lebende; es ist ein Mittel, alles zum Leben zu erwecken, und zwar alles am angemessenen Platz. Es ist die schöpferische Quelle nicht nur der wahren Kampfkunst, sondern auch aller Dinge und pflegt ihr Wachstum und ihre Entwicklung.«

Da Aikidō eine traditionelle Kampfkunstform ist,

verwirklicht es diese universelle Liebe durch hartes Trainieren des Körpers. Die harte, körperliche Disziplin kann jedoch nicht von der geistigen Entwicklung und dem wahren spirituellen Wachstum getrennt werden. Während für viele Menschen dieses Ziel unerreichbar bleiben mag, ist das Kernelement nach wie vor der Prozeß des Trainierens, der ohne Anfang und ohne Ende ist. Und irgendwann auf diesem Wege, wenn man es am allerwenigsten erwartet, mag die höchste Erkenntnis des Aikidō als Lebens-WEG – über jede Kampfkunst hinaus – dämmern.

Zu unserem Glück hat Meister Ueshibas Sohn und Erbe, Ueshiba Kisshōmaru, der gegenwärtige Leiter (Dōshu) des Aikikai, dieser Übersetzung seines japanischen Originalwerkes zugestimmt. Sein Hauptanliegen besteht darin, daß das reine Wesen des Aikidō von konkurrierenden Egos, sowohl persönlicher als auch nationaler Art, unverfälscht bleibt und daß es seinen festen Platz im Mittelpunkt des Übens und des Trainings behält. Schließlich kommt das Wort *dōjō* (»Ort der Erleuchtung«) aus dem Sanskrit *bodhimanda*, dem Ort, an dem das ichzentrierte Selbst in das ichlose Selbst verwandelt wird.

Taitetsu Unno

Vorwort

Die jüngst aufgetretene Verbreitung des Aikidō über die ganze Welt kommt fast einem Wunder gleich. Die Zahl der Aikidō-Praktizierenden (Aikidōka) überschreitet derzeit eine Million, und die International Aikidō Federation (Internationaler Aikidō-Verband) wächst stärker denn je zuvor. Der Grund hierfür liegt im Aikidō selbst, weil es meines Erachtens sowohl vom Prinzip als auch von der Praxis her die höchste Form der Einheit von Kampfkunst, Ästhetik und Spiritualität darstellt, welche die traditionelle japanische Kultur hervorgebracht hat.

Das Aikidō verleiht der höchsten Realität Ausdruck: die fließenden, spontanen Bewegungen der Natur, die von der unübertroffenen Kraft des Ki durchwoben sind. Das Ziel des Aikidō besteht darin, das ideale menschliche Selbst zu formen, indem Körper und Geist durch ein vitales, geistiges und körperliches Training vereint werden, sowie ein dynamisches Leben sowohl inmitten von Aktivitäten als auch in der Stille zu verwirklichen. Die vom Grundprinzip des Aikidō herrührende Spiritualität sowie die Rationalität seiner Ausführung sind Hauptgründe für sein hohes internationales Ansehen.

Im modernen Zeitalter gehen die dramatischen Entwicklungen in Wissenschaft, Technik und Wirtschaft Hand in Hand mit der Verarmung des menschlichen Geistes, der Ratlosigkeit, Unsicherheit und Richtungslosigkeit erfährt. Dieser Trend wird durch ein drohendes Atominferno noch verstärkt; die

Menschheit steht heute am Rande einer globalen Katastrophe.

In diesem Zeitalter der totalen Entmenschlichung hat Aikidō einen speziellen Reiz. Besonderen Anklang findet die Tatsache, daß jeder Mensch unabhängig von Alter, Geschlecht oder athletischem Können die Vereinigung des urschöpferischen Prinzips des Ki, welches das Universum durchdringt, mit dem in der Atemkraft befindlichen individuellen Ki verwirklichen kann. Aus dieser Vereinigung geht die Lebensenergie hervor, die nicht nur die spirituelle Leere füllt, sondern auch dem alltäglichen Leben wahren Inhalt und wahren Sinn verleiht.

Ursprünglich dienten die japanischen Kampfkünste dazu, auf dem Schlachtfeld den Sieg davonzutragen. Ein Sieg ist jedoch nur von kurzer Dauer; er ist schnell vorbei und schwindet. Man mag zwar über die gewonnene Schlacht jubeln, der endgültige, erfüllende Sieg ist dies jedoch nie. Also bestand folgender Widerspruch: man trainierte sein ganzes Leben lang energisch für ein Ziel, das vergänglich war.

Dieser Widerspruch wurde durch die Entstehung des Budō (»WEG der Kampfkünste«) aufgehoben, der heutzutage in erster Linie durch Aikidō vertreten wird. Aikidō lehrt den Weg zum Erringen des absoluten Sieges auf der Grundlage der Philosophie des Nicht-Kämpfens. Nicht-Kämpfen heißt die aggressiven, kämpferischen, destruktiven Instinkte in einem Menschen abzubauen und sie der Kraft der schöpferischen Liebe zuzuleiten. Einer solchen Philosophie wird um so mehr Gewicht beigemessen, wenn sie durch eine Kampfkunst gelehrt wird, und diese Philosophie bildet das Wesen des Budō.

Aufgrund der raschen weltweiten Verbreitung des Aikidō sind wir der Meinung, daß die wahre Bedeutung dieser Kunst nicht immer richtig vermittelt und umgesetzt worden ist. Obwohl wir die internationale Verbreitung des Aikidō begrüßen, wäre es in der Tat bedauerlich, wenn dabei die vom Gründer, Meister Ueshiba Morihei, formulierten Grundphilosophie und Ideale nicht erhalten blieben. Aus diesem Grunde fühlen wir ein starkes Verantwortungsbewußtsein, und wir arbeiten stetig daran, die Lage zu verbessern.

Es ist zu einem äußerst günstigen Zeitpunkt, daß mein Buch *Aikidō no kokoro* jetzt von Professor Taitetsu Unno vom Smith College, einem langjährigen Aikidō-Schüler, ins Englische als *The Spirit of Aikidō* übersetzt worden ist. Die japanische Originalausgabe ist 1981 erschienen, um den 50. Jahrestag des Bestehens des Hombu Dōjō (Aikikai-Hauptsitz) zu feiern. Dieses Werk enthält viele traditionelle asiatische Ansichten und Ideale, von denen vielleicht einige schwer zu begreifen sind. Aber ich hege die Hoffnung, daß dessen Leitgedanke, nämlich ein dynamisches Leben, das auf der Vereinigung von universellem und persönlichem Ki basiert, durch Trainieren und Praktizieren verwirklicht wird.

Mein Wunsch ist, daß dieses kleine Werk besonders für Aikidōka von Nutzen sein möge. Wenn es jedoch auch dem allgemeinen Leser einen kurzen Einblick in Aikidō als eine hochentwickelte Kunstform vermittelte, die nicht Gewalt, sondern Harmonie in der Welt fördert, wäre ich äußerst dankbar.

Das Ki des Universums und das Ki des Individuums

Die Einmaligkeit des Aikidō

Aikidō ist seinem Wesen nach eine moderne Erscheinungsform der japanischen Kampfkünste (*budō*). Es ist orthodox, indem es das Erbe der Tradition der Spiritualität und der Kampfkünste des alten Japan beinhaltet, die zum ersten Mal in den aus dem 8. Jahrhundert stammenden literarischen und historischen Werken *Kojiki* (»Chronik von alten Begebenheiten«) und *Nihongi* (»Chronik Japans«) niedergeschrieben wurde. Dies heißt jedoch nicht, daß Aikidō die Tradition der alten Kriegskünste blindlings fortführt, um sie in ihrer ursprünglichen Form in der modernen Welt lediglich zu konservieren und aufrechtzuerhalten.

Die alten Kriegskünste stellen eine historische und kulturelle Erbschaft dar. Sie finden ihren Ursprung auf dem Kampffeld zu Zeiten der kriegerischen Auseinandersetzungen in der Bevölkerung und wurden später in der Tokugawa-Periode (1603-1868) als *budō*, WEG der Kampfkünste, festgeschrieben. Sie müssen richtig bewertet und verstanden werden. In ihrer ursprünglichen Form würden sie von den heutigen Menschen abgelehnt und in der modernen Welt, die in Japan mit der Meiji-Restauration (1868) beginnt, anachronistisch wirken.

Der Begründer des Aikidō, Meister Ueshiba Morihei, wurde am 14. Dezember 1883 geboren. Er lebte in der turbulenten Zeit der Modernisierung Japans und widmete sich der Gründung einer Kampfkunst, die die Bedürfnisse seiner Zeitgenossen befriedigen, jedoch kein Anachronismus sein sollte. Meister

Ueshibas Hauptanliegen bestand aus den folgenden drei Kernpunkten: erstens eine bleibende Liebe zu den traditionellen Kampfkünsten, zweitens die Bemühung darum, Anachronismen zu vermeiden, und drittens der tiefe Wunsch, die spirituelle Qualität des Budō neu zu beleben. Er versuchte fünf Jahrzehnte lang, sein Ziel durch eine im ständigen Üben der Kampfkünste fundierte, unaufhörliche Suche nach der Wahrheit des Budō zu erreichen.

Letztlich kam Meister Ueshiba zu der Überzeugung, daß der wahre Geist des Budō nicht in einer von Konkurrenzdenken geprägten und kämpferischen Atmosphäre zu finden ist, in der Brachialgewalt herrscht und in der der Sieg um jeden Preis das allerwichtigste Ziel ist. Er erkannte, daß der wahre Geist des Budō in der Suche nach Vervollkommnung als Mensch sowohl auf geistiger als auch auf körperlicher Ebene durch ein aufbauendes Training und Üben mit Gleichgesinnten in den Kampfkünsten zu verwirklichen ist. Für ihn ist einzig und allein diese Erscheinungsform des Budō in ihrer Existenz in der modernen Welt gerechtfertigt. Ist jene Qualität vorhanden, so ist diese Form berechtigt, unabhängig von Kultur oder Zeitalter zu existieren. Sein im Kern zutiefst religiöses Ziel ist in einer einzigen Aussage zusammengefaßt: die Vereinigung des urschöpferischen Prinzips des Ki, welches das Universum durchdringt, mit dem individuellen Ki im Atem. Durch unablässiges Trainieren des Geistes und des Körpers bildet das individuelle Ki von sich aus eine Harmonie mit dem universellen Ki. Diese Einheit manifestiert sich in der dynamischen, flüssigen Bewegung der Ki-Kraft, die frei und fließend, unzerstörbar und unbesiegbar ist. Hierin besteht das Wesentliche der japanischen Kampfkünste, verkörpert durch Aikidō.

Meister Ueshiba formulierte das erste Prinzip des Budō als »das unablässige Trainieren des Geistes und des Körpers als Grunddisziplin für Menschen, die den spirituellen Weg gehen«, und dank seiner genialen Schöpferkraft wurde dieses Prinzip in eine zeitgenössische Kampfkunst, Aikidō, umgesetzt. Heutzutage ist Aikidō auf allen Ebenen und in allen Klassen der Gesellschaft verbreitet und wird von zahllosen Menschen auf der ganzen Welt als die für unser Zeitalter geeignetste Kampfdisziplin angenommen.

Obwohl Aikidō eine moderne Form des Budō ist, heißt dies nicht, daß es eine traditionelle Kampfkunst ist, die zeitgenössische Züge angenommen hat, wie man sie in den anderen »modernisierten« Formen des Budō wie z.B. Jūdō, Karate und Kendō antrifft. Diese haben die spirituellen Aspekte der Kampfkünste geerbt und das Trainieren des Geistes und des Körpers zwar hervorgehoben, jedoch die Betonung auf Wettbewerb und Turniere verlagert, indem sie die athletischen Aspekte hervorheben, dem Sieg den Vorrang geben und sich dadurch einen Platz in der Sportszene sichern.

Aikidō dagegen weigert sich, eine wettkampforientierte Sportart zu werden und lehnt alle Formen des Wettkampfes oder von Turnieren, einschließlich Gewichtsklassen, Klassifizierung nach Anzahl der Siege sowie Verleihung von Meisterschaftstiteln, ab. Hierdurch, so meinen wir, werden nur Egoismus, Selbstsucht und Rücksichtslosigkeit geschürt. Wettkampfsportarten stellen für die Menschen eine große Versuchung dar: jeder möchte gewinnen. Nichts könnte jedoch dem Budō mehr schaden, dessen höchstes Ziel die Selbstbefreiung, das Erlangen des Nicht-Selbst und daher das Erkennen des wahrhaft Menschlichen ist.

Dies soll keine Kritik an anderen Kampfkünsten darstellen, weil sie moderne Sportarten geworden sind. Historisch gesehen war dieser Richtungswechsel um ihrer Überleben willen unvermeidbar, vor allem in Japan unmittelbar nach dem zweiten Weltkrieg, als alle Kampfkünste von den Besatzungsmächten der Alliierten verboten wurden. Selbst als Sportarten haben sie das Interesse vieler Menschen geweckt, ganz gleich, ob sie teilnehmen oder zuschauen. Dies spricht für sie, denn es ist nicht zu leugnen, daß sich insbesondere die Jugend von den Kampfkünsten aufgrund der Wettkämpfe und Turniere, die die Besten in ihrer Disziplin ermitteln, angezogen fühlt. Trotz dieses Trends aber weigert sich Aikidō, sich ihnen anzuschließen und bleibt der ursprünglichen Absicht des Budō treu: dem Trainieren und Kultivieren des Geistes.

Innerhalb der Welt des Aikidō wurden gelegentlich Stimmen laut, die für Turniere plädierten und die argumentierten, daß es notwendig sei, einen breiteren Zuschauerkreis anzusprechen, um im heutigen Zeitalter zu überleben. In der Tat haben einige Aikidōka unabhängige Schulen gegründet, in denen ein »wettkampforientiertes Aikidō« befürwortet wird. Dies ist eine ernste Angelegenheit, da die Umwandlung des Aikidō in eine andere Form des modernen Sports zu seiner Aufnahme in Sportveranstaltungen auf nationaler und vielleicht eines Tages auch auf olympischer Ebene führen könnte.

Aikidō distanziert sich entschieden von solchem Denken, und der Grund dafür ist sehr klar. Aikidō trachtet danach, die Integrität des Budō zu bewahren und den Geist der traditionellen Kampfkünste zu verbreiten, wobei es dem ersten Prinzip, wie von Meister Ueshiba formuliert, treu bleibt: dem unablässigen Trainieren des Geistes und des Körpers als Grunddisziplin für Menschen, die den spirituellen Weg gehen.

Laut Budō-Tradition haben die strikte Befolgung der Leitsätze von Meister Ueshiba Morihei sowie der volle Einsatz für den WEG Vorrang vor allen anderen Erwägungen. Genau dies ist der Grund, weshalb Aikidō in der heutigen Welt existiert; es wird nämlich mit den Leitsätzen von Meister Ueshiba identifiziert, auch wenn Laien es nur als eine andere Art von Kampfsport betrachten mögen.

Die einmalige Position, die Aikidō einnimmt und die es sowohl vom klassischen Budō als auch von seinen modernen Gegenstücken eindeutig trennt, kann nicht wirklich von Menschen gewürdigt werden, die stereotype Vorstellungen von den Kampfkünsten haben. Diese Tatsache, verbunden mit den dem Aikidō eigenen Prinzipien und Bewegungen könnten eventuell der Popularisierung dieser Kampfkunst einige Hindernisse in den Weg stellen.

Irgendwann wird allen Aikidōka die Frage gestellt: »Was ist Aikidō?« Sogar fortgeschrittene Schüler haben Schwierigkeiten, darauf eine direkte Antwort zu geben. Darüber hinaus sind Menschen, die Aikidō-Techniken und -Bewegungen zum ersten Mal sehen, verblüfft oder skeptisch und melden viele Zweifel und Fragen an. Solche Menschen lassen sich in zwei Gruppen aufteilen.

Die erste Gruppe besteht aus denjenigen, die sich Aikidō mit einer gewissen vorgefaßten Meinung über die Kampfkünste ansehen, die auf dem basiert, was sie gehört oder gelesen haben. Nachdem sie Aikidō-Vorführungen erlebt haben, ist ihre allgemeine Reaktion die der Enttäuschung, weil sie erwartet hatten, eine Demonstration von nackter Gewalt, Kampf, Gewalttätigkeit oder gar tödlichen Techniken zu sehen. Auf den ersten Blick scheint Aikidō mit seinen wunderschönen fließenden Bewegungen gewaltlos, ja sogar passiv zu sein. Häufig sich wiederholende Kommentare lauten: »Alles scheint einstudiert und geplant zu sein«, »Die Bewegungen enden in keinem Höhepunkt«, »Im Ernstfall wäre es nutzlos«, und so weiter. Diese Kritiken sind verständlich und insbesondere von jungen Menschen zu hören, die im Siegen und Sich-Behaupten einen Nervenkitzel suchen, oder von jenen, die die stereotype Meinung vertreten, daß es in den Kampfkünsten immer Schreien, Zischen, Treten, Schlagen und die Zerstörung von Menschen gehen müsse.

In der zweiten Gruppe sind diejenigen zu finden, die schon eine gewisse Erfahrung mit den modernisierten Kampfkünsten, vor allem mit ihren wettbewerbsorientierten Formen, gemacht haben und die Aikidō von diesem Gesichtspunkt her betrachten. Ihre Kritiken sind verschiedener Art: »Warum werden beim Aikidō keine Meisterschaften wie beim Jūdō, Karate und Kendō abgehalten?« »Warum beschränkt sich alles auf öffentliche Vorführungen, die langweilig werden, sobald man eine davon gesehen hat?« »Da es keine Turniere gibt, ist es unmöglich herauszubekommen, wer stark und wer schwach, wer Anfänger und wer Fortgeschrittener ist.« »Ohne Turniere wird nicht ernsthaft geübt und trainiert.« Auch hier ist die Kritik verständlich, da die Leute im allgemeinen sehen wollen, wer die beste technische Leistung vollbringt und wer der Stärkste ist.

Eine weitere naive, jedoch häufig gestellte Frage lautet: »Kann man eine Schlägerei gewinnen, wenn man Aikidō kann?«

All diese Fragen und Kritiken vereinfachen. Sie sind oberflächlich und bekunden mangelndes Wissen über das Grundprinzip des Aikidō sowie mangelndes Verstehen des Hauptmerkmals der Kampfkünste, nämlich das Trainieren des Geistes. Derjenige, der keine Selbstdisziplin besitzt, sein physisches Können aber zur Schau stellen möchte und Aikidō ausschließlich wegen seiner Kampftechniken zu lernen versucht, wird gebeten, zu gehen. Ohne Aikidō mit einer gewissen Geduld tatsächlich geübt und diese Kunst aus erster Hand erlebt zu haben, werden diese Fragen nie zufriedenstellend beantwortet werden können.

Nur das tatsächliche Üben des Aikidō führt zu einem Verständnis seiner Bedeutsamkeit und zu einem Gewinn, sei er spürbar oder unspürbar. Die meisten Aikidōka machen folgenden Prozeß durch: am Anfang haben sie Zweifel und Fragen, dann gehen sie zum ersten Training, und allmählich lernen sie Methode und Form des Aikidō kennen. Mit der Zeit erleben sie seine unwiderstehliche Anziehungskraft, und letztlich erhaschen sie etwas von seiner unendlichen Tiefe. Jemand, der diesen Zyklus durchlebt hat, wird etwas von dem Aikidō gelernt haben, das es zu einer einmaligen Kampfkunst macht.

Zuerst wird er überrascht sein. Im Gegensatz zum »sanften« Erscheinungsbild, das Aikidō während öffentlicher Vorführungen bietet, kann es mit seinen starken Handgelenktechniken und direkten Schlägen (*atemi*) in Wirklichkeit »hart«, kraftvoll und dynamisch sein. Entgegen der allgemeinen Meinung besitzt Aikidō einige verheerende Techniken, vor allem jene, die auf die Entwaffnung und Überwältigung des Gegners abzielen.

Als nächstes wird er schon auf der Ebene des Anfängers mit Erstaunen feststellen müssen, wie kompliziert und schwierig es ist, die Grundtechniken und -bewegungen wie z.B. das Fallen (*ukemi*), den korrekten Abstand (*ma-ai*), das Eintreten (*irimi*) und andere Körperbewegungen (*tai-sabaki*) auszuführen. Im Grunde genommen muß sich der gesamte Körper, nicht nur die Arme oder die Beine, kontinuierlich gleichmäßig und koordiniert bewegen, und diese Bewegung muß sich mit Schnelligkeit, Energie und Kraft vollziehen. Um zu einer flüssigen und schnellen Ausführung zu gelangen, bedarf es eines außergewöhnlich hohen Maßes an geistiger Konzentration und Beweglichkeit, an Gleichgewichtssinn und Reaktionsvermögen.

Er wird auch der Bedeutung der Atembeherrschung gewahr werden, die weit über das normale Atmen hinausgeht, um etwas Wesentliches zu erschließen, das mit Ki-Kraft zusammenhängt. Diese Beherrschung der Atemkraft liegt jeder Bewegung und der

Ausführung einer jeden Technik zu Grunde und gewährleistet ein gleichmäßiges Fließen der Bewegungen. Darüber hinaus ist sie von der Philosophie des Budō nicht zu trennen, die – wie wir später noch sehen werden – von Meister Ueshiba entwickelt wurde.

Schließlich, als fortgeschrittener Schüler, wird er über die endlose Zahl der Techniken und deren Variationen und Anwendungsmöglichkeiten staunen, die alle durch Plausibilität und Zweckmäßigkeit gekennzeichnet sind. Erst nachdem er die Vielfalt der Aikidō-Bewegungen selbst erlebt hat, wird er die zentrale Position sowohl des individuellen als auch des universellen Ki zu würdigen wissen. Dann wird er beginnen, die Tiefe und Komplexität des Aikidō als Kampfkunst zu erahnen.

Kurzum, nur durch tatsächliches Üben des Aikidō wird man sich des Kerns des Budō voll bewußt: das unablässige Trainieren des Körpers und des Geistes als Grunddisziplin für Menschen, die den spirituellen Weg gehen. Nur dann kann man wirklich verstehen, warum beim Aikidō Wettkämpfe und Turniere abgelehnt werden und warum öffentliche Vorführungen zur Demonstration des unablässigen Trainierens dienen.

Die Harmonisierung des Ki

In den letzten Jahren ist das Interesse am alten Prinzip des Ki enorm gewachsen, doch die meisten Darstellungen lassen seine philosophischen Wurzeln außer acht. Kurz zusammengefaßt ist das

Wesen des Ki sowohl persönlich als auch universell; es ist die allem zugrundeliegende schöpferische Energie und Lebenskraft, die Raum und Zeit transzendiert. Wir werden später noch auf die Bedeutung des Ki näher eingehen. Im Augenblick begnügen wir uns mit der Frage nach der Bedeutung dieser großen Welle des Interesses. Ich bin der Meinung, daß sie ein Ausdruck der tiefen Sehnsucht der modernen Menschen nach irgendeinem alles durchdringenden Prinzip, irgendeiner energiespendenden Kraft ist, die das Dasein erfüllen und ihm Sinn geben kann.

Hinter den Errungenschaften in Wissenschaft und Technik sowie dem dazugehörigen wirtschaftlichen Reichtum verbirgt sich die Öde des menschlichen Geistes. Dies scheint das Los des modernen Menschen zu sein. Inmitten des materiellen Wohlstands, der von Menschen geschaffenen Bequemlichkeiten und der allumfassenden Bürokratisierung des Lebens sehen wir eine wachsende Unzufriedenheit und Frustration, die das Unbehagen untermalt, das sich in der ganzen Welt ausbreitet. Mehr als je zuvor müssen wir uns mit unseren Lebenskräften und -gefühlen identifizieren können. Ein Ergebnis dieser Suche ist die Begegnung des Westens mit asiatischen Philosophien und Kulturen, von denen ein Aspekt die Entdeckung des Ki als integraler Bestandteil ostasiatischer Spiritualität ist. Dieses Phänomen erklärt zum Teil den Grund für das Interesse des Westens an Aikidō, das wörtlich »WEG (*dō*) zur Harmonie (*ai*) mit *ki*« bedeutet.

Die immer höheren Erwartungen, die an Ki gestellt werden, sind jedes Mal deutlich zu spüren, wenn ich Aikidō-Zentren in der ganzen Welt besuche. Im

September 1978 fuhr ich z.B. nach Brasilien, Argentinien und Uruguay. Ich kann mich der Worte von Herrn Luis Panteleon, Professor für Jura und Richter am Bezirksgericht von Saõ Paulo, genau entsinnen, der bei dieser Gelegenheit sagte:

»Als Richter und somit jemand, der Menschen verurteilt, war ich wegen der Ichbezogenheit und materialistischen Tendenzen, die ich bei mir selbst feststellte, beunruhigt. Ich wurde Mitglied im Aikikai von Brasilien, als ich hörte, daß Aikidō eine Kampfkunst sei, die das Wesen japanischer Kultur vertrete. Durch das Praktizieren des Aikidō überwand ich nicht nur meine Frustration, sondern entdeckte auch Ki, das Herz des menschlichen Geistes, das sich unter meinem oberflächlichen Ich versteckte. Ich verspürte wahre Freude und Dankbarkeit, und mir wurde gesagt, daß ich als Mensch gewachsen sei und von Menschen, die ich verurteile, mehr respektiert würde.«

Während der Begrüßungszeremonie beim 3. Kongress der International Aikidō Federation in Paris Ende September/Anfang Oktober 1980 machte der Präsident Guy Bonnefond in ähnlicher Weise auf einen wichtigen Punkt aufmerksam. Sinngemäß sagte er:

»Wir finden es ganz natürlich, daß Aikidō, das eine hoch entwickelte Form der Kampfkunst vertritt und die edelste Erbschaft japanischer Kultur und Spiritualität in sich trägt, in Europa mit seiner hohen Zivilisation und Tradition des Rittertums gut aufgenommen wird. Als ein Weg, Körper und Geist zu vereinen, ist Aikidō zur rechten Zeit ein Geschenk an unsere Jugend, die die menschliche Spiritualität und Lebensfreude allmählich zu verlieren scheint. Ich begrüße von ganzem Herzen diese einmalige Begegnung des Aikidō mit dem modernen Westen.«

Diejenigen unter uns, die sich der Verbreitung des Aikidō ohne Fanfare oder Werbung gewidmet haben, erfüllt die Nachricht, daß Aikidō auf internationaler Ebene an Akzeptanz gewinnt, mit großer Freude. Wir können uns aber nicht mit dieser Freude begnügen, solange wir uns der schweren Verantwortung bewußt sind, die auf uns lastet und von uns verlangt, daß wir versuchen, die Erwartungen von Menschen auf der ganzen Welt zu erfüllen. Es ist eine Verantwortung, die man nicht auf die leichte Schulter nehmen darf.

Eine unserer Hauptbefürchtungen besteht darin, daß Aikidō wegen seiner Einmaligkeit, die in der japanischen Spiritualität verwurzelt ist, des öfteren Mißverständnisse hervorruft. Diese Tendenz verstärkt sich, je mehr Menschen unterschiedlicher Kulturen und Lebensstile mit Aikidō in Berührung kommen. Dies trifft nicht nur auf Anfänger, die unrealistische Erwartungen haben, sondern auch auf Fortgeschrittene zu, die seine subtilen Prinzipien möglicherweise übersehen und sie falsch begreifen. Sowohl Aikidō-Lehrer als auch -Schüler müssen sich der wahren Meisterung der Kampfkunst, der Erforschung seiner Tiefen, der Aufklärung von Verzerrungen und der Darstellung seiner authentischen Form widmen. Sonst wird die Enttäuschung von Interessenten groß und nicht rückgängig zu machen sein. Diese mögliche Entwicklung gilt für Japan genauso wie für andere Länder, in denen sich Aikidō schnell verbreitet. Was die Aikidō-Techniken anbelangt, gibt es vielleicht nur minimale Probleme. Die philosophische und spirituelle Basis des Aikidō stellt jedoch eine ganz andere Herausforderung dar. Ernsthafte Probleme könnten entstehen, wenn wir nicht zu der ursprünglichen Lehre des Gründers zurückkehren und klarstellen, daß die wesentliche Bedeutung des Aikidō grundsätzlich im Geiste selbst liegt.

Das Herzstück des Aikidō als spiritueller Weg ist Ki, die weltschaffende Kraft, die auch im Innersten eines jeden Menschen schlummert und darauf wartet, entdeckt und aktiviert zu werden. Auch wenn der Begriff des Ki von den schöpferischen Denkern des alten China – Lao Tzu, Chuang Tzu, Huai Nan Tzu sowie Kuan Tzu, Ch'eng Tzu, Konfuzius und Meng Tzu – stammt, wird er nicht ausschließlich mit ihnen identifiziert, denn er veränderte sich im Laufe der Geschichte. Die Vorstellung des Ki nahm in den unterschiedlichen Kulturbereichen und -epochen der ostasiatischen Zivilisation viele Schattierungen und Nuancen an. Nach seiner Einführung in Japan vermischte er sich mit der einheimischen Denkart und bildete eine eigene Weltanschauung, die die geistige Haltung zur Natur, zum Leben, zum Tod usw. umfaßte.

Die ursprüngliche Vorstellung von Ki wurde als metaphysisches Prinzip in einer Reihe von chinesischen philosophischen Schulen entwickelt. Ki bedeutete z.B. das grundlegende Prinzip der Harmonie und galt als die schöpferische Quelle, die sich in der Form von Yin und Yang (Lao Tzu) ausdrückte, als die unentbehrliche Fülle des Lebens (Huai Nan Tzu), als der aus moralischer Aufrichtigkeit stammende Mut (Meng Tzu) und als die alles durchdringende göttliche Energie (Kuan Tzu).

Als Begriff wurde Ki damals nie klar definiert. Zum einen wurde es als gleichbedeutend mit leerem Raum – die Leere – oder dem Nichts (Lao Tzu), zum anderen mit der gestaltenden Kraft, die aus Chaos hervorsteigt (Chuang Tzu), angesehen. Von einigen Philosophen wurde es als dualistisches Prinzip betrachtet, das dem Universum Struktur verleiht. In anderen Worten wurde die leichte Seite des Ki zum Himmel und das himmlische Ki wurde zur Sonne. Seine schwere Seite erstarrte und wurde zur Erde und aus dem irdischen Ki wurde das Wasser geboren. Aus diesem Dualismus entwickelte sich das Ki, das sich in Form von Yin und Yang, dem Dunklen und dem Lichten auswirkt, aus dem wiederum die Lehre der Fünf Elemente und die Weissagungen des *I-Ching* (Buch der Wandlungen) hervorgingen.

Nach der Lehre der Fünf Elemente bilden Holz und Feuer das lichte Prinzip von Ki, Metall und Wasser das dunkle Prinzip, und Erde befindet sich zwischen diesen beiden. Klimatische Veränderungen und menschliche Schicksalsschläge lassen sich durch Ebbe und Flut, durch die harmonischen und antagonistischen Auswirkungen der Fünf Elemente vorhersagen. Im »Buch der Wandlungen« symbolisiert die ungebrochene Linie (—) Yang und die gebrochene Linie (- -) Yin, und ihre verschiedenen Kombinationen ergeben die acht Trigramme – das Schöpferische, das Empfangende, das Erregende, das Sanfte, das Abgründige, das Haftende, das Stillehalten und das Heitere. Sie können zu Zwecken der Weissagung gelesen werden, und Ereignisse unterschiedlicher Natur können vorhergesagt werden. Allgemein gesehen wurde das Prinzip Ki mit der Wirkungsweise des Yin-Yang-Dualismus assoziiert.

Dieses vorwiegend metaphysische Prinzip Ki wurde während der Nara-Periode (710-794) und der Heian-Periode (794-1185) nach Japan eingeführt und allgemein gepflegt. Die Einführung des buddhistischen Gedankengutes aus Indien über China beeinflußte jedoch seine Interpretation und Anwendung, was hauptsächlich auf die Idee des Karmas zurückzuführen war.

Noch bedeutungsvoller war die Tatsache, daß sich die Idee des Ki mit den einheimischen Vorstellungen über die Natur vermischte, und daß es als die Kraft betrachtet wurde, die für den zyklischen Prozeß des Wachsens, des Sprießens, des Blühens und des Welkens der Pflanzen und Bäume verantwortlich ist. Viele zusammengesetzte Wörter entstanden, die mit den Prozessen der Natur eng zusammenhängen, wie das Kultivieren der Energie (*yōki*), Lebenserneuerung (*kaiki*), Geist-Energie (*seiki*) usw. Außerdem wurde es für eine starke dämonische Kraft gehalten, die Liebe und Haß in zwischenmenschlichen Beziehungen regelt. Es wurde in den magisch-religiösen Gebrauch von Yin-Yang, in die Lehre der Fünf Elemente und in die Weissagungen aufgenommen, die häufig in der Literatur der Heian-Periode, wie z.B. in der »Erzählung vom Prinzen Genji« erwähnt werden.

Die dramatischsten Veränderungen in der Interpretation und Anwendung von Ki nahmen mit dem Aufstieg der Samurai-Klasse in der späten Heian-Periode ihren Anfang. Dieser Prozeß setzte sich während der Kamakura-Periode (1185-1336) und der

Muromachi-Periode (1336-1573) sowie der hundert Jahre dauernden Bürgerkriege bis in die Azuchi-Momoyama-Periode (1568-1603) fort und erreichte in der frühen Tokugawa-Periode (1603-1868) seinen Höhepunkt. Die Samurai, die in einem Zeitalter des Krieges der permanenten Todesgefahr ausgesetzt waren, verstanden unter Ki folgendes: einerseits den Kampfgeist (*shiki*) und die Lebenskraft (*genki*), wobei letztere wiederum die Willenskraft (*iki*) und die Tapferkeit (*yūki*) hervorbringt, andererseits die Verlängerung der Atmung, als entscheidend über Leben und Tod (*kisoku*), wodurch die Gelassenheit (*heiki*) und die Speicherung von Energie (*shūki*) erreicht werden.

Während des Tokugawa-Shōgunats, als Japan beinahe 300 Jahre relativen Friedens genoß, wurden große Debatten über Bujutsu (Kampftechniken) geführt mit der Absicht, eine theoretische Basis für die Schwertkunst zu schaffen und ihre Verkümmerung und Stagnation zu verhindern. Jene Diskussionen behandelten das Thema Ki aus logischer und theoretischer Sicht und führten zu der Entdeckung seiner philosophischen und spirituellen Ausdrucksmöglichkeiten. Dank dieser eingehenden Beschäftigung mit der Philosophie und Spiritualität wurden auch die Begriffe Yin und Yang wieder aktuell.

Zum Beispiel stehen in einem wichtigen Text über klassisches Jūjutsu, das mit dem modernen Jūdō eng verwandt ist und gewisse Ähnlichkeiten mit Aikidō aufweist, folgende Sätze aus dem *Densho Chūshaku* (»Überlieferung der Erläuterungen«), einem Werk, in dem der Stil der Kitō-Schule erklärt wird:

»Kitō bedeutet Aufstehen und Fallen. Das Aufstehen ist die Eigenschaft des Yang und das Fallen die Eigenschaft des Yin. Man siegt durch Einsatz von Yang, und man siegt durch Einsatz von Yin... Wenn der Gegner Yin verkörpert, siege durch Yang. Wenn der Gegner Yang verkörpert, siege durch Yin... Den Geist zu stärken, indem man den Rhythmus zwischen Kraft und Geschmeidigkeit in seiner Technik verwendet, zeugt von meisterhaftem Können. Auf den Einsatz der eigenen Kraft zu verzichten und dadurch zu siegen, daß man die Kraft des Gegners ausnutzt, funktioniert dank Ki, so wie es in unserer Schule gelehrt wird. Indem man auf den Einsatz von Kraft verzichtet, kehrt man zum Grundprinzip zurück. Wenn man sich nicht auf Kraft verläßt, sondern Ki einsetzt, prallt die Kraft des Gegners ab, und er fällt von selbst. Hierin liegt die Bedeutung des Satzes: Siegen durch Einsatz der Kraft des Gegners. Über diese Zusammenhänge sollte man gründlich nachdenken. Kurzum, das Sanfte siegt über das Kraftvolle.«

Um die Bedeutung von Ki in der Schwertkunst zu veranschaulichen, werden folgende Zitate als repräsentative Ansichten angeführt:

»Die Möglichkeit des Siegens hängt von Ki ab. Das Ki des Gegners sorgfältig zu beobachten und sich in Einklang damit zu bewegen, heißt für die Möglichkeit des Siegens offen zu bleiben. Im Zen spricht man von der ›Möglichkeit, Zen zum Ausdruck zu bringen‹ und meint dasselbe. Im versteckten und nicht offenbarten Ki liegt die Möglichkeit des Siegens.« (*Shinkage-ryū heihō-ka-densho* – »Weitergabe des Shinkage-Schwertkunststils innerhalb der Familie«)

»In allen Angelegenheiten der Künste, einschließlich der Kampfkünste, wird Überlegenheit durch Trainieren und Üben entschieden. Die wahre Meisterleistung hängt jedoch von Ki ab. Die Erhabenheit des Himmels und der Erde, die Helligkeit der Sonne und des Mondes, das Aufeinanderfolgen der Jahreszeiten, Wärme und Kälte, Geburt und Tod ergeben sich alle aus dem Wechsel von Yin und Yang. Ihr subtiles Wirken kann nicht in Worten ausgedrückt werden, aber mit Hilfe von Ki wird alles mit Leben erfüllt. Ki ist der Ursprung des Lebens, und wenn Ki die Form verläßt, tritt der Tod ein.« (*Tengu-geijutsu-ron* – »Die Kunst der Bergdämonen«)

Wenden wir uns nun der Interpretation des Ki zu, wie sie von Meister Ueshiba formuliert wurde. Seine Vorstellung von Ki, die aus einem intuitiven Verständnis der Abläufe des Universums stammte, drückte er in einer komprimierten, knappen Sprache aus. Es ist daher manchmal schwierig, seine Leitgedanken zu erfassen, aber eine meditative Lektüre seiner Ausführungen kann vielleicht helfen, seine Vorstellung von Ki aufzuschlüsseln. Es folgen zwei seiner Aussagen über Ki:

»Durch Budō habe ich meinen Körper gründlich trainiert und seine letzten Geheimnisse gemeistert. Aber ich bin mir auch einer noch tieferen Wahrheit bewußt geworden, d.h. als ich die wahre Natur des Universums durch Budō begriff, sah ich ganz klar, daß die Menschen Körper und Geist sowie das Ki, das diese beiden miteinander verbindet, vereinen müssen, um in Harmonie mit allen Geschehnissen des Universums zu leben.

Mittels des subtilen Wirkens von Ki bringen wir Körper und Geist und die Beziehungen zwischen dem Individuum und dem Universum in Harmonie miteinander. Wenn das subtile Wirken des Ki gestört ist, gerät die Welt in Verwirrung und das Universum in Chaos. Die Harmonisierung von Ki/Geist/Körper (*ki-shin-tai*) mit den Geschehnissen des Universums ist von grundlegender Wichtigkeit für Ordnung und Frieden in der Welt.«

»Das subtile Wirken von Ki ist die mütterliche Quelle, die feine Veränderungen in der Atmung hervorbringt. Es ist gleichzeitig die Quelle der Kampfkunst als Liebe. Wenn man mit Ki Körper und Geist vereint und *ai-ki* (Harmonie des Ki) zum Ausdruck bringt, erfolgen spontane, feine Veränderungen in der Atemkraft und *waza* (die korrekte Technik) tritt von sich aus in Erscheinung.

In Verbindung mit dem Ki des Universums wirken die Veränderungen in der Atmung durchdringend auf alles Lebende ein. Gleichzeitig fließt die feine Atemkraft in jede Körperzelle. Sobald sie tief eindringt, wird der Mensch von Lebenskraft erfüllt, die auf ganz natürliche Weise zu komplexen, dynamischen, spontanen Bewegungen führt. Auf diese Weise wird der ganze Körper einschließlich der inneren Organe in Wärme, Licht und Kraft miteinander verbunden. Wenn man Körper und Geist erfolgreich vereint hat und in Einklang mit dem Universum lebt, bewegt sich der Körper nach Wunsch und folgt so dem Willen ohne Widerstand.«

Meister Ueshibas Schlüsse über Ki, die er nach einer lebenslangen Suche nach der Wahrheit des Budō in der Disziplin und im Üben der Kampfkünste über die Jahre gezogen hat, werden immer subtiler und spiritueller, als er fortfährt:

»Die feinen Veränderungen in der Atmung bewirken subtile Bewegungen des Ki in der Leere. Manchmal sind die Bewegungen heftig und mächtig, manchmal langsam und träge. Anhand solcher Veränderungen läßt sich das Maß der Konzentration und der Vereinigung von Körper und Geist feststellen. Wenn die Konzentration Körper und Geist durchdringt, wird die Atemkraft eins mit dem Universum und dehnt sich leicht und natürlich bis zur äußersten Grenze aus. Gleichzeitig jedoch wird der Mensch immer autarker und autonomer. Wenn sich die Atmung auf diese Weise in Einklang mit dem Universum vollzieht, wird die unsichtbare spirituelle Essenz, indem sie das Selbst einhüllt, schützt und verteidigt, in einem selbst spürbar. Dies ist eine Einführung in die tiefgründige Essenz des *ai-ki*.«

Ki hat also zwei Aspekte: die Einheit zwischen Individuum und Universum und der freie, spontane Ausdruck der Atemkraft. Der erste Aspekt rührt von der kosmologischen Auffassung her, die die alten chinesischen Denker von Ki hatten. Aber man verwirklicht ihn durch die Vereinigung von Ki/Geist/Körper im Üben des Aikidō. Durch das Üben wird das Einssein mit dem Ki des Universums ohne Anstrengung spontan erreicht. Der zweite Aspekt besagt, daß die Atmung eines Menschen seine Gedanken und Körperbewegungen kontrolliert. Wenn die Rhythmen der Atmung und der Aikidō-Bewegungen in Einklang mit dem Rhythmus des

Universums sind, werden Körper und Geist eines Menschen zentriert, und jede Bewegung wird zu einer kreisförmigen Drehung.

Der Grund für Meister Ueshibas Betonung der zwei Aspekte von Einheit und spontanem Ausdruck liegt darin, daß er die Essenz des Ki gleichzeitig als die Essenz seines Budō begriff. Unsere Aufgabe besteht darin, von diesem Leitgedanken auszugehen und immer mehr Licht auf das Ki zu werfen, welches das Zentrum von Aikidō bildet, und dessen immense Bedeutung für das moderne Leben weiter hervorzuheben.

Die integrierende Kraft des Ki

Ein Aikidōka, der regelmäßig trainiert, müßte einige eigene Vorstellungen von Ki entwickeln, auch wenn er sich in dessen historischer und theoretischer Herkunft nicht auskennt. Wie im vorhergehenden Abschnitt umrissen wurde, ist Ki ein altes Prinzip, das den Kern ostasiatischer Philosophien und Religionen bildet. In seiner konkreten Äußerung gibt es jedoch je nach Temperament, Bestrebungen, körperlichen Attributen, Erfahrung und Milieu der einzelnen Menschen Unterschiede. Infolgedessen sind unterschiedliche Meinungen und Gedanken über Ki zwangsläufig.

Gelegentlich hört man Schüler sagen: »Es fühlt sich wie eine Art Energie an, die aus der Vereinigung von Körper und Geist entsteht.« Oder: »Es ist eine eigenartige, lebenswichtige Kraft, die manchmal unerwartet aus einer unbekannten Quelle hervordringt.« Oder:

»Es ist das Gefühl des perfekten Timings kombiniert mit der Atmung, das man beim Aikidō-Training erlebt.« Oder: »Es ist eine spontane, unbewußte Bewegung, die Körper und Geist nach einem guten Training erfrischt«, und so weiter.

Jede Antwort hat insofern ihre Gültigkeit, als sie das Ergebnis der persönlichen Erfahrung ist. Und da sie der unmittelbare Ausdruck eines Gefühlszustandes ist, enthält sie eine nicht zu verkennende Gewißheit. Wenn dies der Fall ist, sind die Unterschiede in den Antworten unbedeutend, und die große Vielfalt zeugt nicht nur von der Schwierigkeit, Ki genau zu definieren, sondern auch von der Unmöglichkeit, die Tiefe und den Umfang von Ki mittels eines einzigen Begriffes zu erfassen.

Obwohl das Thema Ki von der historischen und philosophischen Seite her betrachtet werden kann, gehört unser Interesse jedoch der persönlichen Erfahrung von Ki, d.h. durch Üben und durch Verwirklichung im Rahmen einer Kampfkunst. Wenn Ki aktiviert und am eigenen Körper erfahren wird, trägt es zur Charakterbildung und zur Ganzheit der Person bei. Gleichzeitig führt diese Suche nach Ki unweigerlich zu einem besseren Verständnis der philosophischen und spirituellen Hintergründe. Letztendlich muß das richtige Ki-Verständnis sowohl erfahrbar als auch intellektuell und sowohl intellektuell als auch erfahrbar sein. Diese Tatsache wird ernsthaft berücksichtigt, wenn die Methode, der Inhalt und die Reihenfolge des Trainingsprogramms zusammengestellt werden.

Beim Aikidō-Training ist die Ki/Geist/Körper-Einheit das höchste Ziel. Doch seine Einmaligkeit besteht darin, daß Bewegungen, die den Fluß des Ki üben, von Anfang an betont werden. Dem Erleben und Meistern von Ki wird besondere Aufmerksamkeit gewidmet, damit sich alle Bewegungen durch kreisförmige Drehungen kennzeichnen. Schüler werden nicht nur über Körperbewegungen in der Ki/Geist/Körper-Einheit unterrichtet, sondern bereits vor jeglicher Beschäftigung mit *waza*. Ihnen wird z.B. beigebracht, daß Ki in einem stabilen und starken Zentrum konzentriert ist, d.h. in dem Punkt, der den natürlichen Schwerpunkt (ca. 5 cm unterhalb des Nabels) bildet, wenn man entspannt aufrecht steht. Wenn Ki durch Arme, Hände und Fingerspitzen fließt, werden die Hände zu einer waffenlosen Waffe, die *te-gatana* – wörtlich »Schwerthand« – genannt wird. Bevor mit dem Üben irgendeiner Technik begonnen wird, ist es üblich, mit folgenden Vorübungen anzufangen: man lernt erstens, die Atemkraft durch *kokyū-hō* (wörtlich »Atemmethode«) sowohl im Sitzen als auch im Stehen zu entwikkeln, zweitens, den korrekten Abstand (*ma-ai*) zwischen sich selbst und dem Partner herzustellen, und drittens, die Augen zu fixieren (*me-tsuke*), um das Konzentrationsvermögen zu verbessern.

Das Allerwesentlichste ist, daß im Gegensatz zu anderen Kampfkunstarten einschließlich aller klassischen und modernen Formen des Budō, welche die Einheit von Geist, Technik und Körper lehren, Aikidō die Betonung viel mehr auf Ki als auf Technik legt und die Einheit von Ki, Körper und Geist trainiert. Natürlich wird *waza* geübt, aber der Grad seiner Beherrschung hängt von dem Maße ab, in dem Ki,

Körper und Geist vereint werden, und dies ist die einzige Basis für eine Bewertung des Könnens im Aikidō.

Wie wir zu erklären versucht haben, muß Ki sowohl durch den Körper als auch durch den Intellekt verstanden werden. Es gibt jedoch noch einen weiteren Aspekt, der von Menschen, die in einem wissenschaftlichen Zeitalter leben, nicht außer acht gelassen werden darf. Der ursprüngliche Begriff *Ki* entstammt dem Weltbild des alten China, welches im Mythos der Weltentstehung verwurzelt liegt, und daher lautet unsere Frage: wie läßt sich dieser Ki-Begriff mit einer wissenschaftlichen Weltauffassung vereinbaren?

Als die Menschen des Altertums ihre Kräfte des Intellekts und der Phantasie einsetzten, um die Abläufe des Universums, der Quelle allen Lebens, zu begreifen, kamen sie auf das Prinzip Ki. Sie versuchten auch die Ordnung in der Natur und im Kosmos mit Hilfe dieses Prinzips zu erklären. Ki als die generative Quelle des Lebens behält, glaube ich, nach wie vor seine Gültigkeit, aber es wurde aus Beobachtungen der erfaßbaren Welt abgeleitet und ließ das unerfaßbare Universum außer acht.

In unserem wissenschaftlichen Zeitalter ist uns das unerfaßbare Universum wesentlich näher gerückt, und wir können in der Tat mit wissenschaftlichen Mitteln das sehen und berühren, was einst außerhalb unserer Reichweite lag, auch wenn es lediglich ein Bruchteil des gewaltigen Ausmaßes des Weltalls sein mag. Vielleicht ist es für uns wichtig, die Beziehung zwischen Ki und der modernen wissenschaftlichen Auffassung des Universums aufzuspüren, weil eine wissenschaftliche Erklärung möglicherweise notwendig ist, damit Ki von den modernen Menschen akzeptiert wird.

Die wissenschaftliche Erforschung des Universums begann im späten 17. Jahrhundert mit Isaac Newton und seiner Theorie der universellen Schwerkraft als Grundgesetz der Natur. Seit damals haben enorme Veränderungen und schnelle Entwicklungen stattgefunden, die uns so weit gebracht haben, daß die Erforschung des Universums zur Routine geworden ist. Das moderne Weltraumzeitalter fing mit Jurij Gagarin, dem russischen Kosmonauten, an, der am 12. April 1961 in seinem Raumschiff Wostok 1 die Erde umkreiste. Zwischen russischen und amerikanischen Wissenschaftlern entwickelte sich eine intensive Rivalität in der Weltraumforschung, und am 20. Juli 1969 gelang es amerikanischen Astronauten, mit ihrem Raumschiff Apollo 11 auf dem Mond zu landen. Neil Armstrong war somit der erste Mensch, der den Mond betrat. (Der dritte amerikanische Astronaut und jetzige US-Senator, John Glenn, hat sich sehr für Aikidō interessiert. Er besuchte das Hombu Dōjō und wohnte Vorträgen von Meister Ueshiba bei.) Die Erforschung des Universums geht mit Raumfähren und Satelliten immer weiter, und es könnte interessant sein herauszufinden, wie sich dies auf unser Ki-Verständnis auswirkt. Aber das bleibt eine Aufgabe für die Zukunft. Für unsere Zwecke sind jedoch einige vorläufige Bemerkungen vielleicht angebracht.

Vor kurzem las ich das Buch *Unser Kosmos* von Carl Sagan, namhafter Astronom an der Cornell-Universität und Pulitzer-Preisträger. In einem Vorwort speziell für die japanische Ausgabe sagte Dr. Sagan:

»Der Grieche Pythagoras war der erste, der das Wort *kosmos* benutzte, um ein geordnetes Universum zu beschreiben, das die Menschen verstehen konnten. Ohne Zweifel gibt es eine Ordnung, die im Universum herrscht. Dies bedeutet nicht, daß alles vollkommen geordnet ist, denn aus den Ergebnissen wissenschaftlicher Forschung wissen wir, daß sich der Kosmos ständig verändert und daß viel Chaos existiert. Nichtsdestoweniger ist dieser Kosmos, in dem Ordnung und Verwirrung nebeneinander existieren, von einer unendlichen Schönheit.

Unsere Körper bestehen aus dem Staub der Sterne. Unsere Körper setzen sich aus den gleichen Atomen zusammen, aus denen die Sterne aufgebaut sind. Wir sind Kinder der Sterne, und die Sterne sind unsere Heimat. Vielleicht finden wir die Sterne und die Milchstraße deswegen so hypnotisierend.«

Er fährt fort: »Der Stickstoff, der in unseren Genen vorhanden ist, das Kalzium in unseren Zähnen, das Eisen in unserem Blut und der Kohlenstoff in unserem Apfelkuchen wurden allesamt während des Entstehungsprozesses unseres Planeten erzeugt. Unsere Körper bestehen aus jenen Partikeln, aus denen sich die Sterne zusammensetzen. In der Tat, wir sind im tiefsten Sinne Kinder der Sterne.«

Abschließend betont Dr. Sagan, daß die Menschheit als die fortgeschrittenste Spezies auf Erden mit äußerster Vorsicht vorgehen müsse, wenn sie komplexe technologische Experimente durchführt, und daß sie als Kinder der Sterne mit der Ordnung, die im Kosmos herrscht, harmonisch zusammenarbeiten müsse. Außerdem sei es für das Überleben unserer

Zivilisation absolut notwendig, daß wir ein erhöhtes Bewußtsein gegenüber den Veränderungen und Verwirrungen des Universums entwickeln und dementsprechend handeln.

Unser Kosmos ist keine philosophische Abhandlung, aber es enthält eine Fülle von Informationen über die neuesten Daten der Weltraumwissenschaft. Und es erinnert uns erneut daran, daß das Universum die Quelle unseres Lebens ist, und daß unser aller Leben mit seiner Ordnung und Veränderung eng verknüpft ist. Wenn auch aus einer ganz anderen Perspektive, ist genau dies der Punkt, bei dem Übereinstimmung mit der intuitiven Lebensauffassung des ostasiatischen Denkens besteht. Das Bild des Universums, das sich aus neueren wissenschaftlichen Entdeckungen ergibt, sieht anders aus – viel komplizierter als die Weltauffassung mit Ki als Mittelpunkt – und es läßt sich in rein materiellen Begriffen erklären. Aber vom Standpunkt der Menschen, unserer Existenz sowie unseres Wohlbehagens aus gesehen kann sein höchstes Ziel als identisch mit dem der asiatischen Philosophien betrachtet werden. Diese drücken sich sehr klar über das Verhältnis des Individuums zum Universum in Bezug auf das Streben nach Wohlbehagen aus. In den Worten Meister Ueshibas soll dieses Verhältnis »das Ki des Universums und das Ki des Individuums harmonisieren, um auf alles aus Ki heraus zu antworten und mit Ki eins zu werden.«

Ein schwieriges Problem stellt der wissenschaftliche Nachweis von Ki dar. In diesem Zusammenhang könnte die von dem Biologen und Nobelpreisträger Dr. Karl von Frisch propagierte Vorstellung eines

Biorhythmus von Nutzen sein. Zwar bezieht sich diese nicht direkt auf Ki, liefert jedoch einige Denkanstöße. Nach dieser Theorie wurden lebende Organismen im Laufe der Evolution durch verschiedene zyklische Veränderungen beeinflußt. Mit der Anpassung ihres Lebens an diese Veränderungen wurden biologische Rhythmen als Information in die Gene aufgenommen oder gespeichert. Die Aktivitäten vieler Organismen sind also Ausdruck ihres besonderen biologischen Rhythmus.

Nach Meinung der Wissenschaftler gehen die Biorhythmen bis in die fernen Anfänge unseres Universums vor 4,6 Milliarden Jahren zurück, als unser Sonnensystem geboren wurde. Am Anfang war der Rhythmus von Tag und Nacht, der sich aus der Erddrehung ergab, und vor 3 Milliarden Jahren brachte dieser Zyklus von Tag und Nacht das Wachsen der Amöben hervor. Als das Meer zurückging, erschien auf dem zurückgebliebenen Land ein breites Spektrum an lebenden Organismen, und die Biorhythmen wurden differenzierter. Als unsere menschlichen Vorfahren vor beinahe 2 Millionen Jahren begannen, auf der Erdoberfläche zu laufen, wurden die Biorhythmen sehr vielschichtig und kompliziert.

Gegenwärtig wird vermutet, daß das Gehirn des Menschen fünf Milliarden DNS-Stränge hat, was die Komplexität von Biorhythmen deutlich zeigt. Wir erfahren aber auch, daß die Grundrhythmen der Natur – Tag und Nacht, Ebbe und Flut, meteorologische und astronomische Geschehnisse – immer noch die größte Wirkung auf uns ausüben.

Obgleich die Einzelheiten dieser Theorien und

ihre Allgemeingültigkeit für mich als Laie schwer feststellbar sind, kann man von einem intuitiven Standpunkt her sagen, daß unsere Gefühlswelt sowie der Zustand unseres Körpers und Geistes zweifellos mit Biorhythmen zusammenhängen. Ich bin außerdem sehr davon überzeugt, daß die Vorstellung von Ki – egal wie naiv sie von der wissenschaftlichen Warte her erscheinen mag – in irgendeiner Art und Weise mit Biorhythmen zu tun hat.

Ich würde sogar die kühne Hypothese wagen, daß das, was Meister Ueshiba als die Einheit des universellen Ki mit dem individuellen Ki beschrieb, Parallelen in der Vorstellung der Symbiose zwischen dem kosmologischen und biologischen Rhythmus findet. Es mag vielleicht schwierig oder gar unmöglich sein, die Errungenschaften des menschlichen Geistes nach wissenschaftlichen Kriterien zu analysieren und zu messen, insbesondere, wenn sie durch Erkenntnis, Intuition oder Eingebung erlangt werden. Aber es wäre töricht, den Versuch zu unterlassen. Sonst würden wir vielleicht nur in einem esoterischen Jargon sprechen und in Subjektivismus und Dogmatismus verfallen.

Schließlich bilden die Aussagen ausländischer Aikidōka einen untersuchenswerten Bereich für die zukünftige Entwicklung des Begriffs Ki. Mit der schnellen Verbreitung des Aikidō über Kontinente hinweg stellt sich das Problem der Übertragung von Schlüsselbegriffen in Fremdsprachen dar. Ki scheint jedoch überall – ob in Europa, Amerika oder Südostasien – im japanischen Sinne übernommen worden zu sein. Das äußerst schwierige Problem besteht jedoch darin, eine halbwegs adäquate Übersetzung für *ki* zu finden. Es ist relativ einfach, eine linguistische oder analoge Erklärung zu liefern. *Ki* aber durch ein einziges Wort der Fremdsprache zu ersetzen, ist fast unmöglich.

Wenn sich jemand in der japanischen Sprache auskennt, kann man sich einer Erklärung von *ki* über seine vielen Wortzusammensetzungen nähern und ihm so den allgemeinen Sinn des Begriffes vermitteln. Ansonsten ist man gezwungen, ein Äquivalent in der Fremdsprache zu finden. Da ein genaues Äquivalent nicht vorhanden ist, wird die Übersetzung je nach Betonung der vielseitigen Dimensionen von *ki* variieren. Mit anderen Worten könnte man den spirituellen Aspekt (Geist, Seele, Ethos), den affektiven Aspekt (Sinn, Intuition, Gefühl) oder den psycho-physiologischen Aspekt (Atmung, Atem) hervorheben. Wenn man unter *ki* vorwiegend das Spirituelle versteht, läßt es sich als ›spirit‹ oder ›ethos‹ im Englischen, ›esprit‹ im Französischen und ›Geist‹ im Deutschen übersetzen. Wenn man sich ihm von der affektiven Seite nähert, käme es dem englischen ›feeling‹ oder ›intention‹ und dem deutschen ›Stimmung‹ oder ›Gemüt‹ nahe. Wenn der psycho-physiologische Aspekt betont wird, ähnelt es eher dem griechischen ›psyche‹ oder dem englischen ›ether‹ oder ›breath‹.

Auch wenn sie verschiedene Facetten von *ki* ausdrücken, gelingt es all diesen Äquivalenten nicht, seine ganze Vielseitigkeit und Bedeutungsschwere zu vermitteln. Dies ist der Beweis dafür, daß es unmöglich ist, *ki* richtig zu verstehen, ohne sich mit ostasiatischem Gedankengut zu befassen. Aus diesem Grunde benutzen wir unabhängig von der Vermittlungssprache weiterhin ›Ki‹ wie im Japanischen, und Aikidōka scheinen dies zu bevorzugen. Vielleicht ist dies so, weil sich Ausländer von diesem einmaligen Ausdruck japanischer Kultur und spirituellen Vermächtnisses angezogen fühlen und versuchen, sein Wesen über Körper und Geist zu erfassen.

Aikidō kennt keine Grenzen, weder nationaler, rassischer noch religiöser Art. Es ist jedem auf der Welt zugänglich, und es ist eine Freude zu sehen, wie Völker unterschiedlicher Länder auf der ganzen Welt den Weg des Aikidō gemeinsam gehen und sich gegenseitig unterstützen und anregen. In der Tat sehe ich oft ausländische Schüler, für die ich den größten Respekt empfinde, weil sie im Aikidō-Training engagierter sind als ihre zuweilen überheblichen japanischen Pendants. Obwohl dies zu begrüßen ist, wünsche ich aus tiefstem Herzen, daß alle, sowohl Japaner als auch Nicht-Japaner, nach dem Herzen des Aikidō suchen, damit sich nicht nur *waza*, sondern auch die von Meister Ueshiba gelehrte Grundphilosophie in ihnen manifestieren kann. Sein ständiger Wunsch für alle Schüler war:

> Aiki ist die harmonische Kraft
> aller Lebewesen, aller Zusammenhänge.
> Trainiert immerfort,
> ihr Wanderer auf dem WEGE!

Die Prinzipien des Eintretens (*Irimi*) und der kreisförmigen Drehung (*Enten*)

Nen und die Klarheit von Körper und Geist

Als ich als Kind erfuhr, daß die Erde rund ist, stellte ich mir vor, Entdeckungsreisen zu unternehmen. Ich wollte sehen, ob ich zum gleichen Ort zurückkehren würde, wenn ich immer geradeaus ginge und die Erde umkreiste. Ich dachte auch daran, einen Tunnel direkt durch die Erde zu bohren und auf der gegenüberliegenden Seite herauszukommen. Vermutlich haben überall Kinder solche Träume. Heutzutage ist es dank Passagierflugzeugen, die den Erdball ständig umfliegen, ohne weiteres möglich, auf der anderen Seite der Erde zu erscheinen.

So kam es, daß mein Kindheitstraum – natürlich ohne einen Tunnel zu bohren – in Erfüllung ging, als eine Gruppe von uns aus dem Hombu Dōjō im September 1978 nach Südamerika eingeladen wurde. Den Anlaß bot die 70. Jahresfeier der japanischen Einwanderung nach Brasilien. Das Aikikai Brasilien mit Reishin Kawaii als Vorsitzendem hatte uns eingeladen, und wir wurden in Saõ Paulo, Rio de Janeiro und Mogi das Cruzes, wo viele Japaner leben und in den Gemeinden Einfluß haben, lebhaft empfangen. Der Stadtrat von Saõ Paulo stimmte geschlossen dafür, mir die Auszeichnung der Ehrenbürgerschaft zu verleihen. Dies war natürlich sehr erfreulich, doch ich war auch tief beeindruckt von der ernsthaften und aufrichtigen Haltung der Aikidōka und auch der potentiellen Schüler, wie sie den öffentlichen Vorführungen zuschauten und bei den Lehrgängen Anweisungen befolgten.

Nach Beendigung unseres Besuches in Brasilien hielten wir uns vier Tage in Argentinien und zwei Tage in Uruguay auf. Wir gaben erneut öffentliche Vorführungen und erteilten speziellen Aikidō-Unterricht in Buenos Aires und Montevideo. In beiden Städten waren wir wiederum von dem herzlichen Empfang der Aikidōka und ihrer aufrichtigen Haltung überwältigt.

Die Begeisterung für Aikidō übertraf auf allen Stationen unserer Reise bei weitem unsere Erwartungen. Doch einer der unvergeßlichen Augenblicke war, als mein Kindheitstraum, auf der anderen Seite der Erde zu stehen, in Erfüllung ging, denn von Japan aus gesehen befindet sich Südamerika auf der anderen Seite der Erde, und Uruguay liegt Japan direkt gegenüber.

Schon unseren Besuch in Montevideo am 24. und 25. September schätzten wir sehr, doch ein weiteres, ebenfalls bewegendes Ereignis erwartete uns. Am Tag nach einer Aikidō-Vorführung, die im größten Zuschauerraum Montivideos abgehalten wurde, der zur Erinnerung an Uruguays Unabhängigkeit von Spanien erbaut worden war, bekamen wir eine Einladung der Militärakademie Uruguays. Diese ist eine Eliteschule mit lediglich 300 Studenten, die unter den klügsten jungen Männern des Landes ausgewählt werden. Obwohl ihr Lehrplan zum überwiegenden Teil aus Kursen in Militärwissenschaften besteht, nimmt Aikidō darin einen festen Platz ein. Warum wurde nur Aikidō in den Lehrplan aufgenommen, obwohl Jūdō und Karate im Land auch sehr beliebt sind?

Nach der öffentlichen Vorführung und meinem Vortrag über Aikidō erhob sich der Direktor der Militärakademie ganz spontan und hielt sichtlich gerührt folgende Rede:

»Innerhalb der fließenden Bewegungen des Aikidō gibt es immer ein stabiles Zentrum. Jede Hand- und Fußbewegung ist Ausdruck eines Gleichgewichtssinnes. Man gleitet sanft wie in einem Tanz, weil die Bewegung des gesamten Körpers letztendlich die sanfte Bewegung des Zentrums ist. Meiner Meinung nach geht es im Aikidō hauptsächlich darum, ein starkes, stabiles Zentrum zu entwickeln. Angesichts einer turbulenten Welt muß unser Land unbedingt eine geistige Haltung einnehmen, die innen ein starkes Zentrum und außen eine wohlwollende Form hat. Ich möchte, daß die Studenten dieser Akademie, die eines Tages dieses Land führen sollen, im Aikidō hart trainieren und dieses starke Zentrum sowohl auf spiritueller als auch auf körperlicher Ebene verwirklichen. Aus diesem Grunde ist Aikidō ein Bestandteil unseres regulären Lehrplans.«

Der Direktor sprach genau das aus, was ich in Gedanken formuliert hatte. Ein starkes, stabiles Zentrum ist das, was Meister Ueshiba ohne Unterlaß als die Einheit von Ki/Geist/Körper bezeichnet hat. Dies trifft den Kern des Aikidō, was sowohl das Prinzip als auch die konkreten Bewegungen angeht. Ich war von der Rede des Direktors zutiefst beeindruckt und noch entschlossener, unserer Verantwortung als Aikidōka gerecht zu werden, jedem, unabhängig von Rasse oder Staatsangehörigkeit, einen leichteren Zugang zu diesem Erbe zu verschaffen. Die einmalige Pädagogik und die einmaligen Techniken des Aikidō müssen stets mit seinem Grundwesen in Einklang stehen. Wenn wir nur auf seine Einmaligkeit pochen und uns daran klammern, so können wir der Kurzsichtigkeit, dem Dogmatismus, der Überheblichkeit und dem Provinzialismus anheimfallen. Indem ich auf die andere Seite der Erde kam, wurde mir unerwarteterweise eine Gelegenheit geboten, über die Zukunft des Aikidō nachzusinnen.

Der Kern des Aikidō, nämlich die Einheit von Ki/Geist/Körper, muß von der ganzen Person erfaßt werden. Wenn wir ihn lediglich als spirituelle Realität auffassen, werden wir vielleicht doktrinär und verfallen in Abstraktionen. Wenn wir ihn nur als Technik und physisches Können betrachten, dann begnügen wir uns mit einer vereinfachenden Erklärung motorischer Abläufe. Der Kern umfaßt sowohl das Spirituelle als auch das Körperliche, und letztendlich müssen wir dessen als Budō gewahr werden, welches Ki, Körper und Geist miteinander vom philosophischen und religiösen Standpunkt her vereint.

Die beste Art, diesen Kern richtig zu verinnerlichen, ist, über die Worte Meister Ueshibas tief nachzudenken. Bei der ersten Lektüre mögen seine Aussprüche etwas schwierig zu verstehen sein, aber wiederholtes Lesen und Nachdenken werden bei der Freilegung der unterschiedlichen darin enthaltenen Deutungsebenen behilflich sein. Die häufige Wiederholung des japanischen Wortes *nen* mag vielleicht stören, aber dieser Originalbegriff wird beibehalten, weil es in anderen Sprachen kein genaues Äquivalent gibt. (Nen beinhaltet gebündelte Konzentration,

Gedanken-Moment.) Die Verwirklichung des *nen* ist die Tür, durch welche man zum Kern des Aikidō gelangt; so gesehen, stellt *nen* das Herzstück des Aikidō dar. Dies wird durch folgende Aussage von Meister Ueshiba erläutert:

»Unser gesamter Körper stellt die konkrete Vereinigung des Physischen und des Spirituellen dar, welche vom Kosmos erschaffen wurden. Er atmet die subtile Essenz des Universums und wird eins damit. Das Training ist somit ein Training für den menschlichen Lebensweg. Die erste Aufgabe des Trainings besteht darin, den Geist unablässig zu disziplinieren, die Kraft des *nen* zu erhöhen und Körper und Geist miteinander zu vereinen. Dies ist die Grundlage für die Entwicklung von *waza*, das sich wiederum durch *nen* unaufhörlich entfaltet.

Es ist absolut notwendig, daß *waza* immer mit der Wahrheit des Universums in Einklang steht. Damit dies geschieht, ist richtiges *nen* unentbehrlich. Wenn sich unser *nen* an die Wünsche des kleinen Ichs knüpft, ist es falsch. Da ein Training, das auf falschen Ideen aufbaut, im Widerspruch zur Wahrheit des Universums steht, fordert es seine eigenen tragischen Konsequenzen und letztendlich seine Zerstörung heraus.

Nen befaßt sich nie mit Siegen oder Verlieren, und es wächst, indem es die richtige Verbindung mit dem Ki des Universums eingeht. Wenn dies geschieht, wird *nen* zu einer übernatürlichen Kraft, die alles auf der Welt, selbst die kleinste Hand- oder Fußbewegung, deutlich wahrnimmt. Man wird wie der leere Spiegel, in dem sich alles widerspiegelt, und da man im

Mittelpunkt des Universums steht, kann man das mit Klarheit sehen, was abseits vom Mittelpunkt liegt. Hierin liegt die Wahrheit des Siegens, ohne zu kämpfen.

Um die subtilen Ki-Bewegungen, die von *nen* herrühren, zu entwickeln, muß man begreifen, daß die linke Körperhälfte die Grundlage der Kampfkunst darstellt und die rechte Hälfte den Ort, an dem das Ki des Universums erscheint. Wenn man in das Reich der absoluten Freiheit gelangt, wird der Körper zu Licht und manifestiert übernatürliche Verwandlungen. Die rechte Hälfte bringt Kraft durch die linke Hälfte hervor. Die linke Hälfte wird zu einem Schutzschild und die rechte Hälfte zum Fundament der Technik. Dieses natürliche, spontane Naturgesetz muß seine Basis im Körperzentrum haben, und man muß das Selbst frei in dynamischen, kreisförmigen Drehungen zum Ausdruck bringen.«

Meister Ueshiba lehrte, daß die Kultivierung des *nen* in der gebündelten Konzentrierung des Geistes besteht, während der Geist nach Vereinigung mit der universellen Realität strebt, welche uns dieses Leben auf Erden einst ermöglichte. Wenn die durch *nen* hervorgebrachte Einheit von Körper und Geist mit dem Prinzip eines geordneten Universums harmoniert, wird der Mensch frei von Ichbezogenheit und Ichwahrnehmung und gebiert eine übernatürliche, allsehende Kraft. Der Mensch, der sich mit dem Prinzip der universellen Wandlung in Einklang befindet, bewegt sich geschickt und mit solcher Leichtigkeit und Flinkheit, daß er in der Lage ist, sich in kreisförmigen Drehungen frei auszudrücken.

Nen, die gebündelte Konzentration, welche die Vereinigung mit der kosmischen Ordnung und mit dem Prinzip der Wandlung sucht, wird zum Urquell für die subtilen Regungen des Ki. Wenn sich diese subtilen Regungen des Ki, die im *nen* verwurzelt sind, im Herzen und Geiste eines Aikidōka manifestieren, wird er frei und offen, und seine Einsicht wird durchdringend. Wenn sich diese Regungen durch den Körper ausdrücken, ergeben sie eine lebendige, dynamische Bewegung in kreisförmigen Drehungen. Also ist *nen* das Bindeglied zwischen Ki/Geist/Körper und dem universellen Ki.

Meister Ueshibas Entdeckung des *nen* kann auf sein unablässiges, jahrelanges Trainieren zurückgeführt werden. Aber erst seine Erfahrungen in kritischen Situationen, in denen es um Leben oder Tod ging, brachten ihm das Konzept des *nen* deutlich zum Bewußtsein. Diese Erlebnisse mögen an ein Wunder oder etwas Übernatürliches grenzen, aber sie gehörten zweifellos zu den wichtigsten Ereignissen seines Lebens.

Ein solches Ereignis fand während seiner Reise in die Innere Mongolei in der Zeit von Februar bis Juni 1924 statt, als er Deguchi Ōnisaburō, den religiösen Führer der Ōmoto-Schule begleitete, um einen Standort für die Gründung eines heiligen Landes zu begutachten, welches sowohl zum Zentrum aller Religionen als auch zur Basis einer neuen sozio-politischen Weltordnung werden sollte. In der ganzen Region herrschten Unruhe und Gewalt, und mit der Reise riskierten sie ihr Leben.

Wir können nicht auf die Einzelheiten dieses

Abenteuers eingehen, aber die Gruppe hielt Kurs auf ihr Ziel im Gebiet von Xing'an und wurde von einem Trupp Soldaten begleitet, welcher als Unabhängigkeitsarmee der Inneren und Äußeren Mongolei bekannt war. Sie wurden mehrmals von Soldaten der chinesischen Nationalisten und von plündernden berittenen Räuberbanden angegriffen, die es im ganzen Gebiet gab. In den Bergpässen vor Tongliao wurden sie von allen Seiten aus dem Hinterhalt überfallen. Erzählungen nach glaubte sich Meister Ueshiba dem Tode ausgeliefert zu sein und bereitete sich auf sein Ende vor. Als er jedoch dem Kugelregen ausgesetzt war, überkam ihn eine unerschütterliche Ruhe, und er wich – ohne sich vom Fleck zu rühren – den entgegenkommenden Kugeln durch eine minimale Verlagerung seines Körpers aus. Wie durch ein Wunder kam er nicht nur unverletzt davon, sondern blieb auch unberührt. Später erzählte Meister Ueshiba diesen Zwischenfall mit eigenen Worten:

»Ich konnte mich nicht vom Fleck rühren, und so drehte ich meinen Körper und Kopf einfach zur Seite, als die Kugeln auf mich zugeflogen kamen. Bald, als ich meinen Blick schärfte, wußte ich intuitiv, aus welcher Richtung der Feind feuern würde, und ob er von rechts zielte oder von links seine Gewehre auf mich richtete. Ich konnte weiße Lichtkügelchen wahrnehmen, die den Kugeln vorauseilten. Ich wich ihnen blitzschnell aus, und im nächsten Moment flogen sie knapp an mir vorbei. Dies geschah immer wieder, und ich hatte kaum Zeit zu atmen. Doch dann hatte ich plötzlich einen Einblick in das Wesen des Budō. Ich begriff, daß die Bewegungen der Kampfkünste erst dann lebendig werden, wenn sich das Zentrum des Ki im Körper und Geist konzentriert. Mir kam blitzartig die Erkenntnis, daß, je klarer der Geist, desto intuitiver die Fähigkeit, die Gedanken und tödlichen Absichten des Gegners zu erfassen. Der stille Geist ist wie das ruhige Zentrum eines Kreisels; dank des ruhigen Zentrums kann sich der Kreisel gleichmäßig und schnell drehen. Man könnte fast meinen, daß er stillsteht. Dies ist die Klarheit von Körper und Geist (*sumi-kiri*), die ich erlebte.«

Ein späterer Zwischenfall im Leben Meister Ueshibas überzeugte ihn noch mehr von der Klarheit, die durch einen ruhigen Körper und Geist zu erreichen ist. Dies geschah eines Tages im Frühling des Jahres 1925 in seinem Dōjō in Ayabe, als ein Marineoffizier, der mit einem Holzschwert bewaffnet war, ihn zum Zweikampf herausforderte. Meister Ueshiba stand seinem Angreifer mit bloßen Händen gegenüber. Jedes Mal, wenn der Gegner mit seiner Waffe zuschlug, verlagerte er seinen Körper ganz geringfügig und wich so dem Schwertstoß oder -hieb aus. Der Marineoffizier war den fließenden Ausweichbewegungen von Meister Ueshiba nicht gewachsen und gab sich bald völlig erschöpft geschlagen. Später erinnerte sich Meister Ueshiba mit folgenden Worten an dieses Ereignis:

»Es war nichts. Eine Frage der Klarheit von Körper und Geist. Jedes Mal, wenn der Gegner angriff, konnte ich einen weißen, erbsengroßen Lichtblitz wahrnehmen, der dem Schwert vorauseilte. Ich konnte deutlich erkennen, daß, wenn ein weißes Licht aufleuchtete, das Schwert sofort danach folgen würde. Alles, was ich tat, war den weißen Lichtstrahlen auszuweichen.«

Bei diesem Ereignis, genauso wie bei der Erfahrung, die er in der Inneren Mongolei gemacht hatte, war Meister Ueshiba in der Lage, selbst die geringfügigste Bewegung, welche von den feindseligen Gedanken seines Widersachers herrührte, intuitiv und unmittelbar wahrzunehmen. In späteren Jahren beschrieb er solche subtilen Wahrnehmungen und Einblicke als »die Schwingungen des Körpers, die ein Echo der Schwingungen des Universums darstellen« und verfaßte Gedichte wie dieses:

Inmitten von Himmel und Erde stehend,
mit allem durch Ki verbunden,
konzentriert sich mein Geist
auf den Weg, der Widerhall aller Dinge zu sein.

So lautete die Erkenntnis über das Wesen oder Herz des Aikidō, und daraus entwickelten sich Meister Ueshibas Gedanken zu den Themen Liebe und Harmonie.

MIT *TAI-SABAKI* DEN GEGNER FÜHREN

Hauptmerkmale der dem Aikidō zugrundeliegenden Techniken sind Freiheit und Spontaneität in kreisförmiger Bewegung. Was die auf Drehungen beruhenden Körperbewegungen (*tai-sabaki*) anbelangt, bilden kreisförmige Bewegungen das A und O des Trainings. Diese Betonung der Dynamik des Kreises hat einige interessante Entwicklungen hervorgerufen.

Zum Beispiel vermittelt die Betonung der kreisförmigen Drehungen den visuellen Eindruck eines gleichmäßig fließenden choreographierten Tanzes, elegant und schwebend, obwohl das Aikidō harte Techniken, wie direkte Schläge (*atemi*) und Handgelenktechniken lehrt, die von den alten Kampfkünsten übernommen worden sind. Außerdem beschreiben viele Techniken einen weiten Bogen, wie z.B. das Werfen und Zu-Boden-Führen eines Gegners und die Anpassung an seine Bewegungen. Dennoch kann Aikidō auf engem Raum ausgeführt werden. Dies ist auf die kreisförmigen Bewegungen des Aikidō zurückzuführen, ganz im Gegensatz zu den linearen Bewegungen anderer Kampfkunstformen, bei denen der direkte Vorwärts- oder Rückwärtsstoß den Eindruck erhöhter Gewalt erweckt und die wesentlich mehr Platz zur Ausführung benötigen.

Im Grunde sind die ursprünglich harten, groben Techniken durch die Betonung der kreisförmigen Bewegung abgerundet und verfeinert worden, und Techniken, die vordem erheblichen Raum beanspruchten, finden Platz in einem kleinen Kreis. Dies ist wahrscheinlich ein Grund, warum Aikidō als eine hochentwickelte Kunst angesehen wird.

Es sollte hier gleich erwähnt werden, daß die kreisförmigen Bewegungen beim Aikidō nicht zum Zwecke der Verfeinerung der Kampfkunst oder zur Entwicklung einer passiven Kampfkunstform entstanden sind. Das ausdrückliche Ziel war eher positiver und aggressiver Natur: nämlich die Kraft des Gegners zu überwältigen und zu bändigen. Aikidō wurde geboren aus dem Ringen um Antworten auf so lebenswichtige Fragen wie: Was würde ich tun, wenn ich mit einem mir körperlich überlegenen Gegner konfrontiert wäre? Wie kann ich den anderen überwältigen, ohne Waffen irgendwelcher Art zu benutzen? Was ist die effektivste Art und Weise, einen Gegner zu unterwerfen, wenn ich nicht auf törichte Gewalttaten oder psychologische Tricks zurückgreifen und die Integrität des Budō aufrechterhalten möchte? Kurzum, wie können wir eine Selbstverteidigungsform gegen einen an Körpergröße, Kraft und Erfahrung überlegenen Menschen entwickeln?

Das Prinzip und die Anwendung der kreisförmigen Drehung, die dem Aikidō zugrunde liegen, stammen von Meister Ueshiba als Antwort auf solche Fragen. Sie wurden von ihm als moderne Herausforderung an die traditionellen Kampfkünste entwikkelt. Ueshiba Morihei meisterte verschiedene Formen des Jūjutsu wie z.B. das der Kitō- und der Daitō-Schule und übte sich in der alten Schwertkunst der Shinkage-Schule. Da er mit dem bis dahin Erlernten unzufrieden war, unterzog er sich einem rigorosen Training und einer harten Disziplin. Mit der Philosophie des *nen* als Grundlage setzte er sich daraufhin für den freien und spontanen Ausdruck des Selbst durch kreisförmige Bewegungen ein.

Das aus dem klassischen Jūjutsu stammende Prinzip, wonach das Weiche das Harte bezwingt und das Nachgiebige das Unnachgiebige besiegt, wurde von Meister Ueshiba in sein Verständnis von Aikidō übernommen, jedoch mit einem grundlegenden Unterschied. Im traditionellen Jūjutsu wurde folgendes gelehrt: »Wenn du geschoben wirst, ziehe zurück; wenn du gezogen wirst, schiebe vorwärts.« In den kreisförmigen Bewegungen des Aikidō wird dies zu: »Wenn du geschoben wirst, drehe dich und weiche aus; wenn du gezogen wirst, trete mit kreisförmiger Bewegung ein.« Hieraus ergibt sich, daß man auf die Bewegung des Gegners mit einer kreisförmigen Drehung reagiert, und während man sich kreisförmig bewegt, behält man seinen Schwerpunkt, damit er als stabile Bewegungsachse dient. Gleichzeitig wird das Zentrum des Gegners aus dem Gleichgewicht gebracht, und wenn er sein Zentrum verliert, verliert er auch all seine Kraft. Dann kann er schnell und entschieden überwältigt werden.

Vom Standpunkt des Aikidō bezieht sich dieser Aspekt hauptsächlich auf die als *tai-sabaki* bekannten Körperdrehungen, die aus Ausweich- und Drehbewegungen bestehen. Ihr Grundelement ist das Eintreten oder, genauer formuliert, *irimi-issoku* (»Eintreten mit einem einzigen Schritt«), was auf dem Prinzip der kreisförmigen Drehung beruht. Wenn man einem Gegner schräg gegenübersteht (*hanmi*-Position) und er sich dann auf einen zubewegt, weicht man dem geradlinigen Stoß aus und tritt in die Öffnung außerhalb seines Gesichtsfeldes ein, welche *shikaku* oder toter Winkel heißt. Hier kommt es auf flinke, sichere Fußbewegungen an, mittels derer das eigene Zentrum die Kontrolle über das Zentrum des Gegners gewinnt. Die Grundtechnik beinhaltet einen Schlag (*atemi*) auf eine ungeschützte, verwundbare Körperstelle des Gegners beim Eintreten. Nach langjährigem Training können aber unterschiedliche Bewegungen ausgeführt werden (so z.B. *irimi-nage*, *irimi-tenkan*, *irimi-otoshi*).

Wie ich schon erwähnte, liegt *irimi* dem Prinzip der kreisförmigen Drehung zugrunde, und oberstes Gebot ist, seinen Schwerpunkt immer zu behalten. Vom Standpunkt einer reellen Angriffs- und Verteidigungssituation her betrachtet ist es von entscheidender Wichtigkeit, mit der vollen Wucht des Ki einzutreten, um das Zentrum des Gegners zu kontrollieren und somit Herr der Lage zu werden. Wenn ein direkter Schlag auf einen zukommt, ist jegliches Zögern darüber, ob man eintritt oder nicht, um jeden Preis zu vermeiden. Es gibt noch viele andere wichtige Punkte. Da aber dieses Werk nicht als eine detaillierte Erklärung von Techniken gedacht ist, verweisen wir auf jene Lehrbücher, die sich diesem Thema widmen.

Wenn das Prinzip *irimi* für die Merkmale des Budō steht, wie sie durch Kampftechniken ausgedrückt werden, so symbolisiert *tai-sabaki* – die korrekte Körperbewegung – die wesentlichen Eigenschaften des Aikidō, wie sie sich in Bewegungen ausdrücken, welche dazu beitragen, daß sich der Mensch in Einklang mit dem dynamischen Wandel bringt. Letzten Endes beruhen die Techniken der Körperbewegung auf der spirituellen Einheit mit der Ordnung des Kosmos und auf der dynamischen Einheit mit dem in ewigem Wandel begriffenen Universum.

Körperbewegungen im Aikidō basieren auf dem Prinzip der kreisförmigen Drehung. Genauso wie bei einem kugelförmigen Körper ist das Zentrum stabil, und die Bewegung entsteht aus diesem Ruhepunkt. Diese kreisförmige Bewegung kann jede Gegenkraft durch Techniken aus ihrem Zentrum heraus bezwingen, die anmutig, jedoch von unendlicher Kraft erfüllt sind. Wir können uns auf die Gesetze der Physik wie z.B. zentrifugale und zentripetale Kraft berufen, um die Bewegungen im Aikidō zu erklären, aber ihre eigentliche Schönheit rührt von der Einheit von Ki/Geist/Körper her. Letztere kann nur von einer integrierten, ganzheitlichen Person erlebt werden, und deswegen trägt eine objektive Analyse nichts Wesentliches zu deren Verständnis, geschweige denn zu deren Verwirklichung bei.

Der Aikidōka muß den größten Teil seines Trainings der Beherrschung der auf kreisförmiger Drehung beruhenden Techniken widmen und durch unablässiges Trainieren das ihnen zugrundeliegende Prinzip studieren. In Bewegung wird er oder sie einem Kreisel ähnlich, im Zentrum stabil, und kommt nie aus dem Gleichgewicht. Selbst wenn sich der Aikidōka dessen nicht voll bewußt sein mag, ist die Einheit von Ki/Geist/Körper erreicht, welche mit dem Universum eins ist.

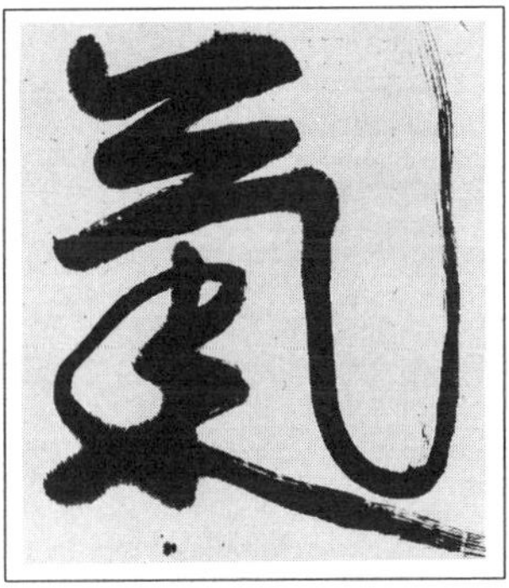

Das Zeichen für Ki, geschrieben in der Kalligraphie von Meister Ueshiba Morihei

Meister Ueshiba – im fortgeschrittenen Alter (1968) – führt Stocktechniken vor, bei denen er die geheimnisvolle Verbindung von *ki-shin-tai* (Ki/Geist/Körper) zeigt

Um 1960

Meister Ueshiba führt Kokyū-nage vor (1956)

Am Aiki-Schrein, Iwama,
Präfektur Ibaraki (1962)

Irimi-nage (1968)

Ein zusammengefalteter Fächer wird eingesetzt, um einen Schwertangriff von vorn zu kontrollieren

Meister Ueshiba und der Dōshu unterhalten sich bis tief in die Nacht über die Vergangenheit und Zukunft des Aikidō (um 1955)

Der Dōshu erhält persönliche Unterweisung von Meister Ueshiba (um 1955)

Der Dōshu während einer Vorführung beim Fest des Aiki-Schreins in Iwama (1984)

Ki fließt, während der Dōshu im frühen Morgenlicht unter den japanischen Zedern am Kumano-Schrein in der Präfektur Wakayama übt (1982)

Delegierte bei der Generalversammlung der International Aikidō Federation 1980 in Paris

Der Dōshu gibt eine Vorführung in Los Angeles während einer Reise in den USA (1982)

Der Dōshu hält einen Vortrag während einer Reise in Australien (Sydney, 1984)

Der Dōshu besucht das New Yorker Aikikai anläßlich seines 20jährigen Bestehens (1984)

Meister Ueshiba Morihei, Begründer des Aikidō

Tägliches Üben, der Weg zur Vollkommenheit

Junge Aikidōka und Aikidō-Grundformen

In den letzten Jahren ist die Anzahl der jungen Aikidōka enorm gestiegen. Allein das Hombu Dōjō verzeichnet mehr als 500 Aikidōka von Schulanfängern bis zu Schülern des unteren Sekundarbereichs. Dōjō im ganzen Land berichten von einem ähnlichen Phänomen. Einige von ihnen melden über einhundert junge Mitglieder. Der einmal jährlich im Sommer stattfindende Aikidō-Jugendlehrgang im Nippon Budōkan und die Sommer- und Winterlehrgänge, die in Sugadaira (Präfektur Nagano) und in Izu (Präfektur Shizuoka) vom Hombu Dōjō gefördert werden, sind gut besucht, und die Begeisterung ist wirklich ansteckend.

Die Möglichkeit, im Hombu Dōjō eine Kindergruppe einzurichten, wurde vor beinahe 20 Jahren zum ersten Mal in Erwägung gezogen. Der Grund für die Überlegungen, ob solch ein Schritt ratsam sei oder nicht, rührt daher, daß Aikidō nicht nur auf Körperbewegungen Wert legt, sondern früher oder später auch eine Kenntnis der dahintersteckenden Philosophie erforderlich macht. Sport- oder spielähnliche Elemente, die das Interesse der jungen Kinder halten können, sind kaum vorhanden, und so mußten wir unseren Entschluß ernsthaft überlegen. Zu unserer großen Überraschung und Freude haben die meisten dieser jungen Aikidōka Jahr um Jahr weiter trainiert. Am Ende mußten wir feststellen, daß wir von der Aufrichtigkeit und Ernsthaftigkeit, die diese jungen Menschen beim Trainieren zeigten, sehr beeindruckt waren. Dies sind zweifellos unentbehrliche Eigenschaften für jeden Aikidōka, ob Anfänger oder Fortgeschrittener. Diesen Punkt dürfen wir nie vergessen.

Vor einiger Zeit drückte ein stellvertretender Trainer des Hombu Dōjō, der in einem angegliederten Dōjō eine Kindergruppe leitete, sein Erstaunen über ihre raschen Fortschritte aus. Er war beeindruckt von ihrer tiefen Neugierde, Offenheit und der Bereitschaft, dieselben Bewegungen immer wieder zu üben. Er stellte außerdem fest, daß sie sehr einfühlsam waren und die Gedanken ihres Lehrers anhand seiner Sprechweise, Wortwahl und Blicke ablesen konnten. In der Tat, wenn der Lehrer es mit Lob und Tadel nicht ernst meinte, verweigerten die jungen Aikidōka ihm den Respekt. Dieser Lehrer hatte schon fünfzehn Jahre lang trainiert, aber es waren die Kinder, die ihm beibrachten, daß der Geist der Harmonie und der wahren Liebe wesentliche Voraussetzungen sind, um mit Kindern Aikidō zu praktizieren. Er fügte hinzu, daß, während er den Kindern Aikidō-Grundtechniken beibrachte, er wiederum durch die Kinder erneut an die Grundprinzipien der Liebe und der Harmonie erinnert wurde. Die Neugierde und das Verlangen der Kinder nach Aikidō übersteigen bei weitem die Vorstellungskraft der meisten Erwachsenen.

Die Unterrichtsmethode für Kinder und Jugendliche unterscheidet sich von der für Erwachsene, aber die Grundformen und der Aufbau sind im Grunde gleich. Wie in den Erwachsenengruppen beginnen auch die Jugendgruppen mit den Vorübungen, so z.B. *funakōgi* (Rudern) und *furitama* (Ki sich setzen lassen).

Meister Ueshiba entwickelte diese Übungen als Methoden zur Aufnahme der göttlichen Essenz in das eigene Zentrum, als ihm bewußt wurde, daß »dieses Selbst nichts anderes als das Universum ist«.

In der Ruderübung steht man mit einem Bein nach vorn und beiden Händen so geschlossen, als hielte man Ruder in der Hand. Die Hüften werden zum Mittelpunkt einer sich wiederholenden Vorwärts- und Rückwärtsbewegung, die dem Rudern ähnelt. Während der Vorwärts- und Rückwärtsbewegungen wird, als Methode der Konzentration, Ki im Zentrum (*seika tanden*) gehalten. Die rhythmischen Bewegungen machen den Aikidōka trotz des merkwürdigen Namens und der Ungewohntheit großen Spaß.

Nach diesen Vorübungen wird den Anfängern das Vorwärts- und Rückwärtsfallen beigebracht. Anschließend üben sie, wie man durch die kreisförmige Bewegung seines Partners geführt wird. Diese Übung der Fallschule heißt *ukemi*. Der Ausführende heißt *nage* und der Geführte oder Geworfene *uke*. Danach fahren sie mit Bewegungen auf den Knien (*shikkō*) und mit Bodentechniken (*suwari-waza)* fort. Da die Japaner dabei sind, ihre traditionellen Sitzgewohnheiten auf dem *tatami* (Reisstrohmatte) rasch zu verlieren, befürchtete ich, daß sich die Kinder dagegen sträuben oder es schwierig finden würden, diese Übungen auszuführen. Dies war jedoch nicht der Fall, und zu meiner Freude machte ihnen das Trainieren auf dem Boden großen Spaß.

Diese Bodenübungen beruhen auf der formellen Sitzart, *seiza*. Wenn diese Sitzhaltung, die am Anfang und Ende einer jeden Aikidō-Trainingsstunde eingenommen wird, zur zweiten Natur geworden ist, führt sie automatisch zur richtigen Etikette.

Von alters her lautet ein Budō-Spruch: »Fang' mit Etikette an, hör' mit Etikette auf.« Die im Aikidō gelehrte Etikette – gegenseitiger Respekt, Rücksicht auf andere, Sauberkeit – wird dem Aikidōka nicht durch Indoktrination oder Drohungen aufgezwungen. Sie ergibt sich ganz natürlich, indem man lernt, wie man in *seiza* richtig sitzt, und indem man die Grundformen des *suwari-waza* meistert. Ein aufrechter Körper entspricht einem aufrechten Geist. Der springende Punkt ist der Respekt vor dem einzelnen Aikidōka, der sich aus seinem Zentrum heraus und aus Initiative nach den höchsten Verhaltensregeln richten möchte. Etikette ist für alle Aikidōka ein wichtiger Aspekt des Übens.

Seiza, die Sitzhaltung, ist seit alters her ein zivilisierter, formeller Brauch des japanischen Volkes, und ihr entspringt eine natürliche Etikette, die sich in den Geist der Übenden einprägt. Auch wenn die Tradition des *seiza* im täglichen Leben im Schwinden begriffen sein mag, bin ich der Überzeugung, daß ihre spirituellen und ethischen Wurzeln nicht so leicht verschwinden werden. Und wenn ich beobachte, wie Kinder im Dōjō mit geradem Rücken, mit beiden Händen auf ihren Knien, und mit übereinandergeschlagenen Fußrücken in *seiza* sitzen, bin ich erneut davon überzeugt, daß diese Sitzhaltung im Aikidō-Training auch weiterhin einen zentralen Platz innehaben muß. Sie ist die Quelle korrekter Etikette, sie liegt unzähligen Techniken zugrunde und ist für ein gutes Training unentbehrlich.

Nachdem ich Aikidō-Training mit Kindern und Jugendlichen persönlich beobachtet hatte, kam ich zu dem Schluß, daß die Entscheidung, Trainingsstunden für sie einzurichten, gerechtfertigt war. Gleichzeitig betrachte ich es als meine Pflicht, dafür zu sorgen, daß nicht versäumt wird, ihnen die moralische und spirituelle Essenz des Aikidō zu vermitteln. Dies gilt um so mehr, da Jugendkriminalität überall auf der Welt zu einem Problem wird. Die Schuld für dieses Problem kann nicht einfach der Jugend zugeschoben werden; wir Erwachsenen müssen auch unsere Verantwortung tragen.

Ich habe erwähnt, daß einige Menschen ein verkehrtes Bild davon haben, was Aikidō ist. Nun muß ich konstatieren, daß es auch welche gibt, die den Zweck des Aikidō falsch verstehen. Vor allem Eltern, deren Kinder nicht so aggressiv und stark sind wie andere, neigen dazu, diese Kinder ins Aikidō zu stecken als ersehnte Antwort auf ihr Problem. Vom Aikidō jedoch zu erwarten, daß es die Kinder zäher und stärker machen wird, tut sowohl den Kindern als auch dem Aikidō Unrecht. Aikidō lehnt alle Formen der Gewalt – ob gerechtfertigt oder ungerechtfertigt – ab. Anderenfalls würden wir uns von den anderen Kampfkunstformen, bei denen Kämpfen und Siegen Verkaufsanreize bedeuten, kein bißchen unterscheiden.

Auch auf die Gefahr hin, das Thema wiederzukäuen, möchte ich wiederholen, daß Aikidō ein spiritueller Weg ist und sein Ideal in der Verwirklichung von Harmonie und Liebe liegt. Durch Disziplinieren des Körpers und vor allem des Geistes wird die Vervollkommnung der Persönlichkeit und der Menschheit erreicht. Was wir Kindern beibringen, ist weder Brachialgewalt noch Gewalt schlechthin, sondern die Kultivierung des Ki durch das Trainieren des Körpers und des Geistes. Dies stärkt mit der Zeit das Selbstbewußtsein und Selbstwertgefühl der Kinder und gibt ihnen das Gefühl, über ihr eigenes Leben zu bestimmen.

Folglich versuchen wir, sowohl den Kindern als auch den Eltern ein klares Verständnis für den Sinn des Aikidō zu vermitteln. Auch der Trainer muß sich den wahren Sinn unserer Kunst immer vor Augen halten. Wenn er Kinder unterrichtet, darf er nie denken, daß sie unfähig seien, die Grundlagen des Aikidō zu begreifen. Auch Kinder sollten als Menschen betrachtet werden, die – wie jeder von uns und unabhängig vom Alter – danach streben, auf dem Pfad der Liebe und der Harmonie weiterzukommen.

Das Spektrum der Aikidōka

Neben dem Wert, der auf Kinder- und Jugendtraining gelegt wird, kommt beim Aikidō noch ein Merkmal hinzu, das es von anderen Kampfkünsten unterscheidet: die große Anzahl der weiblichen Aikidōka.

Selbst in Japan hat die Anzahl der Frauen in fast allen Sportarten außer beim Boxen und Sumō in den letzten Jahren zugenommen. In den Kampfkünsten spielen Frauen im Jūdō, Kendō, Karate, Kempo usw. eine aktive Rolle. Doch Aikidō scheint eine im Verhältnis weitaus größere Anzahl von Frauen angesprochen zu haben. Die Auswirkungen dieses Phänomens sind nicht nur quantitativer, sondern auch qualitativer Art, denn die Teilnahme von Frauen am Training verleiht dem Aikidō Tiefe und Breite.

Die Motivation und die Gründe, warum Frauen Aikidō üben, sind mannigfaltig, und es gibt Frauen aller Altersgruppen und Berufe, die sich dem WEG verschrieben haben. Sie bleiben viele Jahre lang dabei und streben die höchsten spirituellen Ideale des Budō an. In gewisser Hinsicht scheint Aikidō besonders für Frauen zugänglich zu sein, so daß sie durch seine Tore leicht eintreten und auf ganz natürliche Weise an seinem Selbstverwirklichungsprozeß teilhaben können.

Ist dies der Grund, warum Aikidō manchmal ganz merkwürdigen Mißverständnissen unterliegt? Der vereinfachenden Fragen und Aussagen zum Thema gibt es viele. Es wird gefragt: »Ist Aikidō eine Kampfkunst für Frauen?« Es wird gesagt: »Es scheint Frauen zu begünstigen.« Oder sogar: »Es ist weibisch.« Manche Bemerkungen sind sexistisch, wie z.B.: »Lenkt Training mit beiden Geschlechtern nicht ab?« oder »Halten so viele Frauen nicht vom wirklichen Training ab?« Andere Fragen sind zwar naiv, aber nicht selten. »Frauen interessieren sich nicht für Budō. Halten sie Aikidō nicht bloß für eine Selbstverteidigungsart oder gar für Gesundheits- und Schönheitsübungen?« »Werden Frauen nicht mit Zurückhaltung behandelt, d.h. wird ihnen eine Sonderbehandlung zuteil?«

Wiederum entstammen die Fragen und Kritiken der Unwissenheit über Aikidō. Wer wenigstens ein Mindestquantum an Aikidō-Training hinter sich hat, etwas über seine Philosophie weiß und sich der strengen Disziplin bewußt ist, die zur Verwirklichung seines höchsten Zieles erforderlich ist, wird nie solche Bemerkungen äußern.

Einfach ausgedrückt ist Aikidō ein Budō, das allen Menschen offen steht, die danach trachten, das Ki des Universums mit ihrem eigenen Ki zu vereinen. Es ist der Weg, auf dem alle Mitglieder der menschlichen Rasse zur Harmonie mit allen Wesen gelangen können. Die Tore des Aikidō stehen allen Altersgruppen, Klassen, beiden Geschlechtern, allen Nationalitäten sowie Rassen offen. Toleranz und Offenheit sind grundlegende Eigenschaften des Aikidō. Genausowenig wie junge Menschen und ältere Aikidōka, auf die wir später zurückkommen werden, sind Frauen Gegenstand einer Diskriminierung. Darüber hinaus macht sich derjenige eines latenten Sexismus schuldig, der dem Aikidō vorhält, es begünstige Frauen oder lasse Frauen einfach aufgrund ihrer verhältnismäßig großen Anzahl eine Vorzugsbehandlung zuteil werden.

Obwohl Aikidō weder Frauen noch Männer begünstigt, stimmt es, daß traditionelles Budō, welches in einem feudalistischen Zeitalter entwickelt wurde, als eine ausschließliche Männerdomäne galt. Kritische Äußerungen über Aikidō, die behaupten, es sei weibisch oder begünstige Frauen, sind nichts als ein Überbleibsel dieser überholten Denkweise. Da dies ein ernsthaftes Problem darstellt, das Gegenwart und Zukunft der Kampfkünste betrifft, sollten wir solche Einstellungen etwas genauer unter die Lupe nehmen.

Die alten Kampfkünste stammen aus einer Zeit, in der es nur für Männer auf dem Schlachtfeld um Leben oder Tod ging. Daher mag die Ansicht, daß Budō eine spezielle Männerdomäne sei, einst gerechtfertigt gewesen sein. In unserer modernen Welt jedoch, in der die Kampfkünste dem Trainieren sowohl des Körpers als auch des Geistes dienen sollten, ist diese Ansicht vollkommen anachronistisch. Die Idee, daß die Kampfkünste Männern vorbehalten bleiben sollten, beruhte auf der Vorstellung von Gewalttätigkeit und Brachialgewalt. Diese Vorstellung gilt heutzutage jedoch nicht mehr. Das moderne Budō als der Weg, Körper und Geist zu trainieren, basiert auf der Vorstellung von Liebe und Harmonie. Aikidō ist das führende Beispiel eines Budō, welches die Entwicklung wahrhaftiger Menschlichkeit in einer friedlichen Welt anstrebt.

Aikidō für Frauen fällt eindeutig unter Budō, und es gibt keinen Unterschied in der Ausbildung von Männern und Frauen. Diese Erfahrung machen jene Frauen, die tatsächlich Aikidō üben. Nichtsdestotrotz treten einige Frauen an Aikidō heran in der Annahme, daß es zur Verteidigung nützlich oder eine optimale Übung für Gesundheit und Schönheit sei. Sie sind durch Artikel in Zeitungen und Zeitschriften irregeführt worden, welche die Popularität des Aikidō unter Frauen darstellen und die Vorurteile, die wir eben besprochen haben, widerspiegeln.

Sobald die Frauen mit dem Training beginnen, merken sie, daß sie Ki kultivieren können, indem sie die schwierigen Übungen mit vereintem Körper/Geist wiederholen. Die Tatsache, daß es der Gesundheit und Schönheit zugute kommen oder als Selbstverteidigung nützlich sein mag, ist lediglich ein Nebenprodukt, welches in keinem Bezug zum Geist des Aikidō steht.

Wenn man solche Ergebnisse schnell und als Selbstzweck sucht, wird das wahre Verständnis für das, was Aikidō zu bieten hat, untergraben.

Einigen Frauen (aber ebenso Männern) mag es widerstreben, korrekte Körperhaltung (*shisei*) und Grundformen immer wieder zu üben. Dies ist jedoch notwendig, bevor man mit dem Erlernen der Techniken beginnen kann. Zu lernen, wie man den korrekten Abstand (*ma-ai*) gegenüber einem Gegner einnimmt und wie man gleichmäßige, gleitende Fußschritte (*suri-ashi*) – wie sie im Nō-Tanz zu finden sind – ausführt, mag sich als unerwartet schwierig herausstellen. Anderen wiederum mag die Kultivierung der Atemkraft oder des Ki, die aus dem Zentrum kommen und sich durch die Arme und Hände ausbreiten, eventuell am Anfang Probleme bereiten. Das Fallen (*ukemi*), bei dem das Zentrum und das Gleichgewicht immer aufrechtzuerhalten sind, muß vielleicht immer wieder geübt werden, bis es beherrscht wird. Die Schwierigkeiten, auf die Anfänger stoßen, u.a. Schwindelgefühl, Schwitzen und gelegentliche blaue Flecken, scheinen sie nicht abzuschrecken. Ihnen zufolge stellen diese Schwierigkeiten eher eine Herausforderung als eine Entmutigung dar und bestärken sie in ihrer Entschlossenheit, Aikidō zu meistern.

Ähnliche Bemerkungen stammen auch von Männern, aber es scheint, als verfügten Frauen im allgemeinen über mehr Ausdauer, Geduld sowie über den Willen, auf dem WEG weiterzukommen. Diese Tatsache ist wahrscheinlich auf unbewußte, schöpferische Kräfte in ihnen zurückzuführen. Frauen, die durch die Tore des Aikidō eintreten, hören selten schon bald nach dem Anfang mit dem Training wieder auf. Mindestens acht von zehn machen weiter, und je länger und intensiver sie sich mit Aikidō beschäftigen, desto begeisternder finden sie es. Der Grund hierfür ist nicht immer ersichtlich. Vielleicht kann man jedoch einen allgemeinen Eindruck aus Äußerungen gewinnen, die in Interviews, Zeitungen, Zeitschriften sowie Berichten gemacht worden sind, die von Zeit zu Zeit in den Rundschreiben des Hombu Dōjō erscheinen.

»Als ich mit Aikidō anfing, konnte ich nicht einmal einen Purzelbaum schlagen. Als ich dann meine erste Vorwärtsrolle fertigbrachte, war es für mich die Krönung des Tages.«

»Innerhalb eines halben Jahres wurde mein Körper leicht wie ein Ball, wenn ich geworfen wurde. Ich glaube, daß ich durch Aikidō als Mensch stärker geworden bin, und obwohl ich zum Thema Budō keine besonderen Gedanken habe, glaube ich manchmal, daß ich vielleicht doch noch Budōka werde.«

»Aufgrund des ständigen Übens von *seiza* hat sich meine Körperhaltung wirklich verbessert. Meine Lehrer in der Teezeremonie und im Blumenstecken erwähnen es des öfteren, und mein Lehrer für japanischen Tanz sagt, daß meine Fußbewegungen und Haltung sehr gut geworden seien.«

»Als ich Jūdō trainierte, hatte ich immer einen Minderwertigkeitskomplex gegenüber den Männern, die stärker waren, und ich mochte einige der Bodentechniken nicht. Aber da Aikidō nicht auf die Zurschaustellung bloßer Kraft zielt und keine der Techniken offensiver Art sind, macht es mir wirklich Spaß.«

»Uke zu sein, macht mir richtig Spaß, weil all mein Stolz und meine Eitelkeit verschwinden, wenn ich geworfen werde. Aikidō hat man ›dynamisches Zen‹ genannt. Wenn ich durch Üben lerne, mich zu geben, wie ich bin, glaube ich wirklich, daß es dem Zen nahe sein könnte.«

»Ein Grund, warum ich weiterhin im Dōjō trainiere, ist die harmonische Atmosphäre. Ich habe Gelegenheit, mit den unterschiedlichsten Leuten zu trainieren, und es besteht keine Rivalität, weil keiner gewinnt oder verliert. Dies hat einen Einfluß auf meine Haltung anderen Menschen gegenüber gehabt. Ich versuche, mit anderen zusammenzuarbeiten und höre mir nun genauer an, was sie zu sagen haben.«

»Als ich anfing, das Prinzip der kreisförmigen Bewegung zu beherrschen, wurde ich immer mehr fähig, mit meinen täglichen Aufgaben fertig zu werden. Ich verschwende keine Zeit mehr, und meine Welt ist reicher und ausgefüllter geworden. Aikidō ist ein notwendiger Bestandteil meines Lebens. Jetzt könnte ich nicht mehr darauf verzichten.«

Diese Äußerungen und ähnliche stammen von Lehrerinnen, Büroangestellten, Hausfrauen, Studentinnen, Sekretärinnen sowie anderen Frauen unterschiedlichen Alters und mit unterschiedlichen Berufen. Trotz der Unterschiede jedoch läßt sich ein gemeinsames Leitmotiv erkennen. Sie alle haben die Essenz des Aikidō aus ihrer Intuition und Erfahrung mehr oder weniger begriffen, und – im Gegensatz zu denen der Männer – ihre Äußerungen beziehen sich direkter auf das tägliche Leben. Mit anderen Worten, während es keine Diskriminierung zwischen Männern und Frauen auf der Ebene des Inhalts und Übens des Aikidō gibt, zeigt sich in ihren Reaktionen darauf ein natürlicher Unterschied. Dies ist für Aikidō förderlich, weil es die Klischeevorstellungen entkräftet, welche die Menschen von den Kampfkünsten haben.

Beim Aikidō wird die Individualität eines jeden Menschen respektiert und die Stärke jedes einzelnen entwickelt und gepflegt. Während das Üben und die Philosophie des Aikidō überall Anwendung finden, hängt jede Reaktion, ob von Mann oder Frau, vom einzelnen selbst ab. Aikidō ist weder männlich noch weiblich, und es sollte keine vorgefaßten Meinungen darüber geben, wie sich Männer oder Frauen beim Aikidō zu verhalten oder was sie zu leisten haben.

Ein weiteres Phänomen des Aikidō, das in letzter Zeit zu verzeichnen ist, stellt die zunehmende Anzahl jener Familien dar, die sich am Training aktiv beteiligen. Wie oben erwähnt, ermutigen viele Eltern ihre Kinder, mit Aikidō anzufangen. Im Laufe ihrer regelmäßigen Besuche im Dōjō entwickeln sie selbst Interesse und fangen an zu trainieren. Dies gilt insbesondere für solche Eltern und Großeltern, die Aikidō in ihrer eigenen Jugend kennenlernten und die jetzt ihre Kinder und Enkelkinder dazu ermutigen. Eine erstaunliche Anzahl von Müttern, die ihre Kinder zum Training begleiten, sind selbst auch regelmäßig übende Aikidōka geworden.

Die Anzahl der weltweit praktizierenden Aikidōka, die der Haupttradition des Meisters Ueshiba (bekannt unter dem offiziellen Namen des Aikikai) folgen und die sowohl im Hombu Dōjō als auch in über 250 Zweigdōjō in Japan, in Universitäts-, Firmen- und

Regierungsvereinen sowie in ausländischen Dōjō organisiert sind, betrug 1981 über 500.000 in Japan und mehr als 100.000 im Ausland, d.h. insgesamt beinahe 700.000. Wenn die Aikidō-Schulen, die von Meister Ueshibas ersten Schülern gegründet wurden, sowie jene Splittergruppen, die lediglich dem Namen nach Aikidō vertreten, hinzugezählt werden, ist die Gesamtzahl noch größer.

Die Kontinuität der Tradition

Nachdem die Bedeutung und die Rolle der jüngeren Aikidō-Schüler und der weiblichen Aikidōka besprochen worden sind, möchte ich dieses Kapitel nicht schließen, ohne auf die unzähligen Menschen einzugehen, welche die Kontinuität der Aikidō-Tradition in der Vergangenheit bewahrt haben. Ihre Beiträge sind im Lichte der 50. Jahresfeier im Oktober 1981 anläßlich der Gründung des Hauptdōjō auf dem jetzigen Areal des Aikikai-Hauptsitzes (Hombu Dōjō) in Tōkyō von besonderer Bedeutung.

1931 errichtete Meister Ueshiba, der damals 48 Jahre alt war, den permanenten Hauptsitz des Aikidō, jener Kunst, die er während der 20er Jahre langsam zur Reife gebracht hatte. Dieses erste 80 *tatami* große Hauptdōjō befand sich an der gleichen Stelle in Tōkyō wie das heutige Hauptdōjō. Seitdem sind fünfzig Jahre vergangen. Jemandem, der mit Meister Ueshiba als »Ō-Sensei«* und gleichzeitig Vater aufgewachsen

* Anm. d. Übers.: wörtlich »großer Lehrer«. Respektvoller Titel von Meister Ueshiba

ist, kommen fünfzig Jahre recht kurz vor, und doch ist es eine sehr lange Zeit. Dann wiederum halte ich ein halbes Jahrhundert für eine lange Zeit, und doch ist sie furchtbar kurz.

Meister Ueshibas Errungenschaften erfüllen mich zutiefst mit Stolz und Zufriedenheit. Gleichzeitig möchte ich jedoch all der Wegbegleiter gedenken und all denen meinen Respekt erweisen, welche die Kunst während der letzten fünfzig bis sechzig Jahre unterstützt und so zur Entwicklung des Aikidō beigetragen haben, die aber heute nicht mehr unter uns weilen. Auch all jenen, die mit Aikidō schon seit der Zeit vor dem zweiten Weltkrieg verbunden sind und die uns auf jede mögliche Weise weiterhin beraten, ermutigen und unterstützen, bin ich zu Dank verpflichtet.

Unter den Menschen, an die ich mich erinnere, sind diejenigen, die als *uchideshi* oder direkte Schüler im Haushalt des Meisters Ueshiba lebten und von ihm sowohl auf der persönlichen als auch auf der professionellen Ebene unterrichtet wurden. Da gab es viele andere Schüler, die keine *uchideshi* waren, aber trotzdem bei Meister Ueshiba lernten und sich dem Weg des Aikidō vollkommen verschrieben hatten. Wir sollten auch die führenden Persönlichkeiten der Gesellschaft nicht vergessen, die Meister Ueshiba aus einem Gefühl des tiefen Respekts und der Zuneigung heraus bei der Entwicklung seines neuen Budō sowohl materielle als auch moralische Unterstützung gegeben haben. Und es gibt noch viele andere, denen wir dafür Dank schulden, daß sie die Verbreitung des Aikidō vorangetrieben haben. Zu ihnen zählen jene, mit denen ich viele Jahre lang bei Meister Ueshiba trainiert habe, jene, die bei der Errichtung von Dōjō in ganz Japan und im Ausland Pionierarbeit geleistet haben, und jene, die nach dem Tode von Meister Ueshiba ihre freundliche Hilfe bei der Bewahrung der Tradition angeboten haben. Aus Platzgründen kann ich leider nicht jeden einzeln erwähnen. Wenn ich mir aber ihre Namen und Gesichter ins Gedächtnis zurückrufe, sehe ich das halbe Jahrhundert Aikidō-Geschichte vor mir, so als wäre es erst gestern gewesen.

Manche Höhepunkte dieser Geschichte stechen hervor. Es gab das »Höllendōjō«, ein Spitzname, der wegen starker und kräftiger Schüler – jeder von ihnen eine ausgeprägte Persönlichkeit – entstanden war, die sich in Meister Ueshibas Dōjō versammelten... Meister Ueshibas leidenschaftlicher Drang, Aikidō zu verbreiten, der ihn zu seinen Abenteuern in der Inneren Mongolei führte... Die Zeit, in der er sich nach Iwama zurückzog, wo sich der Aiki-Schrein befindet und wo er danach strebte, die Ziele des Aikidō mit dem Leben als Bauer zu verbinden. Die Jahre unmittelbar nach dem zweiten Weltkrieg, als Aikidō und die anderen Kampfkünste gesetzlich verboten waren und sich eine Handvoll seiner Schüler um ihn versammelte und schwörte, die Flamme des Aikidō nicht erlöschen zu lassen... Dann am 9. Februar 1948 die Freude, als die Regierung das Aikikai als gemeinnützige Organisation anerkannte. Damit begann ein neues Kapitel in unserer Geschichte.

Die Erinnerung an diese Ereignisse und Persönlichkeiten beschwört auch Momente der Niedergeschlagenheit und des Jubels, der Traurigkeit und der Freude herauf. Mein Wunsch ist es, daß sie nicht nur eine persönliche Erinnerung bleiben, die den Aikidōka, die heute aus den Errungenschaften der Vergangenheit schöpfen, unzugänglich sind. Wir dürfen die Leistungen, die Entbehrungen und die Hingabe jener Männer und Frauen nie vergessen, die Aikidō zu dem gemacht haben, was es heute ist. Eine unserer Aufgaben liegt darin, späteren Generationen die Entwicklungsphasen des Aikidō zu vermitteln: die Zeit der Gründung, der Entwicklung, der Verwirrung, der Zurückgezogenheit und des Neubeginns.

So lange diese Vergangenheit nicht in Vergessenheit gerät, erinnert sie uns daran, daß Aikidō nicht plötzlich aus dem Nichts entstanden ist. Es ist das Ergebnis einer langen Kette von Ereignissen, die mit Meister Ueshiba und seinen ersten Schülern begann, und deren Erbschaft an jene weitergegeben worden ist, die heute Aikidō trainieren. Wenn wir mehr als ein halbes Jahrhundert zurückschauen, sehen wir Mitglieder der zweiten, dritten und sogar vierten Generation, die mit Aikidō anfangen. In der Tat sind wir eine Großfamilie geworden, in der sich alle um dasselbe Ziel bemühen und alle Meister Ueshiba als Stammvater haben.

Glücklicherweise sind sich viele Aikidōka unseres reichen Erbes voll bewußt, und ich brauche sie nicht daran zu erinnern. Dies fällt mir deutlich auf, wenn ich sehe, wie sich Gruppen von Aikidōka um Lehrer scharen, die Geschichten über den »Ō-Sensei« aus erster oder auch zweiter Hand erzählen. In einer geselligen Atmosphäre wird so der jüngeren Generation die Geschichte des Aikidō natürlich und spontan übermittelt. Beim täglichen Üben, in den Pausen zwischen anstrengenden Trainingsstunden, inspirieren solche

Gespräche Kameradschaft und Freundschaft. Dies mag eine einmalige Eigenschaft des Aikidō sein, aber unbewußt findet hier wieder die Art von Gedankenaustausch statt, die der »Ō-Sensei« gern mit seinen Schülern pflegte. Als Ergebnis wird ein Gefühl für Geschichte entwickelt.

Aikidō hat man als das Budō bezeichnet, das jung und alt, Jugend und Reife zusammenbringt. Ungeachtet der Alters- und Geschlechtsunterschiede trainieren Kinder, Erwachsene, Männer und Frauen zusammen und ermutigen sich gegenseitig beim Trainieren. Dies steht in starkem Kontrast zu jenen Budōarten, bei denen junge, starke Macho-Typen zu überwiegen scheinen, und ist zum Teil auf die Tatsache zurückzuführen, daß Aikidō alle Formen der Wettkämpfe, bei denen physische Kraft das A und O ist, ablehnt. Ein weiterer Grund liegt in dem Streben nach einem ausgeglichenen Training sowohl des Körpers als auch des Geistes. Jede Altersgruppe von Aikidōka hat zwar ihre spezifische Art, die Einheit von Ki/Geist/Körper zu erlangen, aber alle können miteinander trainieren und voneinander lernen.

In einer Trainingsatmosphäre, die frei von Alters- oder Geschlechtsunterschieden ist, können sich gegenseitiger Respekt und Kommunikation entfalten. Die Kinder bemühen sich, auf die Ebene der Jugendlichen zu gelangen, die Jugendlichen eifern den Erwachsenen in ihrer Beherrschung des Ki nach, und die Erwachsenen bewundern die klaren und fließenden Bewegungen der Älteren. Das gleiche gilt auch umgekehrt. Die Älteren werden durch die Vitalität der jungen Erwachsenen angeregt, die jungen Erwachsenen nehmen die Energie der Jugendlichen in sich auf, und die Jugendlichen werden an den Anfängergeist des Kindes mit seiner Offenheit und Intensität erinnert. Ein solcher Kreis der gegenseitigen Beeinflussung nährt die Kraft, die der harmonischen Aktivität entstammt und führt zu einem Gefühl für Anstand und Etikette, das auf gegenseitigem Respekt beruht.

Zum Schluß können wir sagen, daß Aikidō eine im Budō selten gesehene Tiefe und Breite aufzuweisen scheint. Dies kann nur auf die Betonung der Liebe und Harmonie zurückzuführen sein, auf die Meister Ueshiba zu seinen Lebzeiten besonderen Wert gelegt hat. Unsere Aufgabe besteht daher darin, uns dem unaufhörlichen täglichen Üben zu widme, und uns die zentrale Bedeutung der Liebe und Harmonie immer wieder zu vergegenwärtigen.

Meister Ueshiba benutzte oft den Ausdruck ›schneller als Licht‹, um die Theorie des Aikidō zu beschreiben. Damit meinte er, daß Aikidō, dessen Techniken darauf basieren, die Bewegungen des Partners in seine eigenen aufzunehmen, im spirituellen Sinne schneller als eine Kugel, sogar schneller als das Licht ist. Das wirklich einmalige Merkmal des Aikidō rührt daher, daß man mit der Natur im Einklang ist, sich mit Geist und Technik vereint bewegt und sich immer in Harmonie mit dem Prinzip der kreisförmigen Drehung befindet.

Die Bewegungen beim Aikidō sind äußerst verschieden. Statt festgelegten Formen zu folgen, wird eine Technik nach der anderen von einem einzigen Grundprinzip abgeleitet. Aus diesem Grunde werden

Hikari (»Licht«) in der Kalligraphie von Meister Ueshiba.

auch heute noch neue Techniken ins Leben gerufen. Unbegrenzte Möglichkeiten sind im Alltäglichen verborgen – dadurch zeichnet sich Aikidō aus.

Der Kern des Aikidō läßt sich vielleicht am klarsten durch *irimi-nage* (eintretender Wurf) darstellen, und auf den folgenden Seiten führe ich diese Technik als Beispiel an. Im Gegensatz zu komplizierteren Techniken sind die senkrechten Bewegungen am Anfang und die seitlichen Bewegungen am Schluß deutlich zu erkennen.

Irimi-nage ist eine Technik, bei der der Nage (der Führende) in den toten Winkel (*shikaku*) seines Partners eintritt und die Kontrolle über dessen Schicksal übernimmt, um ihn nach dem Prinzip der kreisförmigen Drehung zu führen und zu werfen. Der Nage zieht den Gegner in seine eigene Bewegung hinein, so daß aus den zwei Körpern einer wird. Dann bringt er den Gegner aus dem Gleichgewicht und wirft ihn, während er ihn die ganze Zeit in seinem Wirkungskreis unter Kontrolle hält.

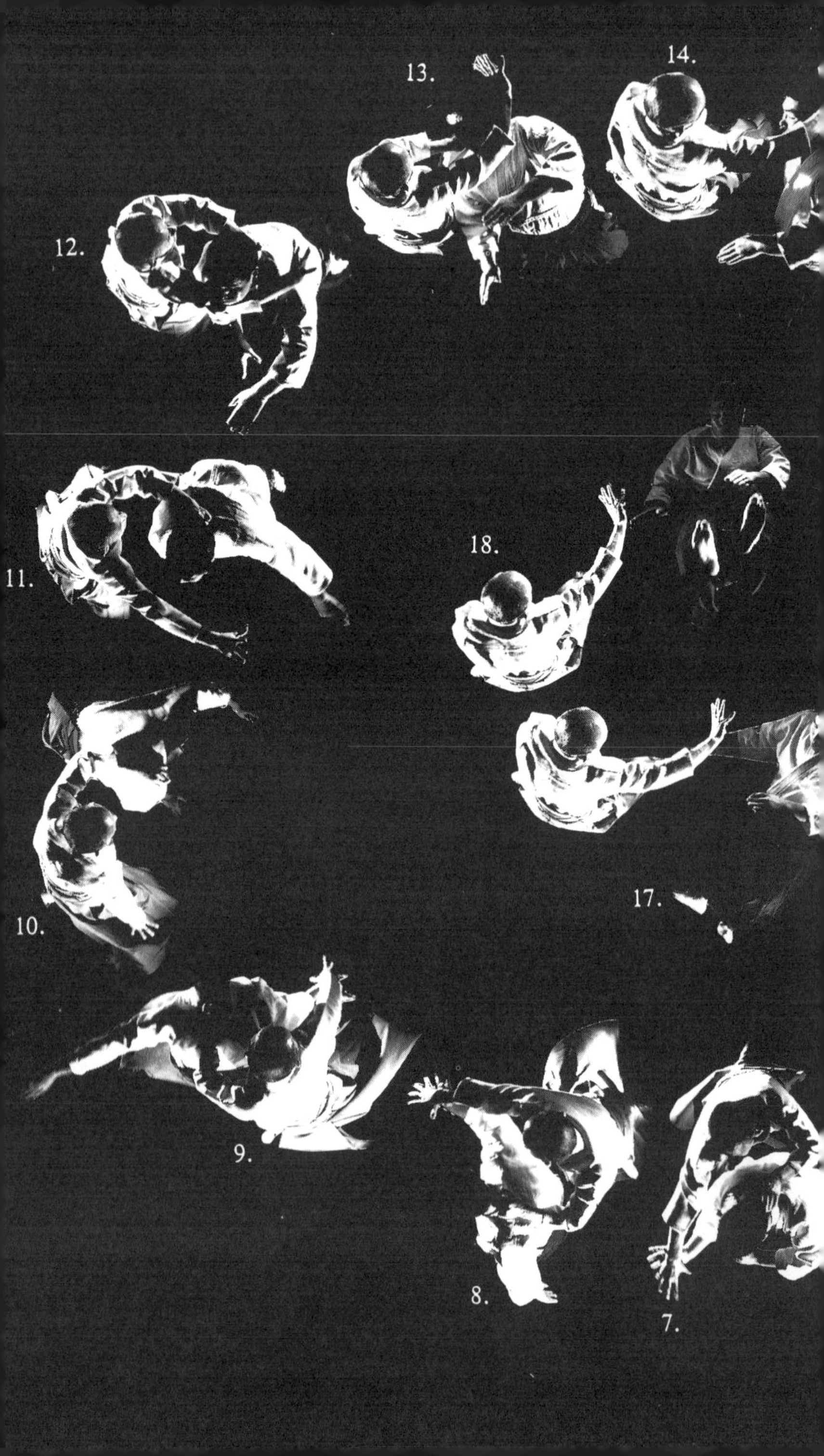
13.
14.
12.
18.
11.
10.
17.
9.
8.
7.

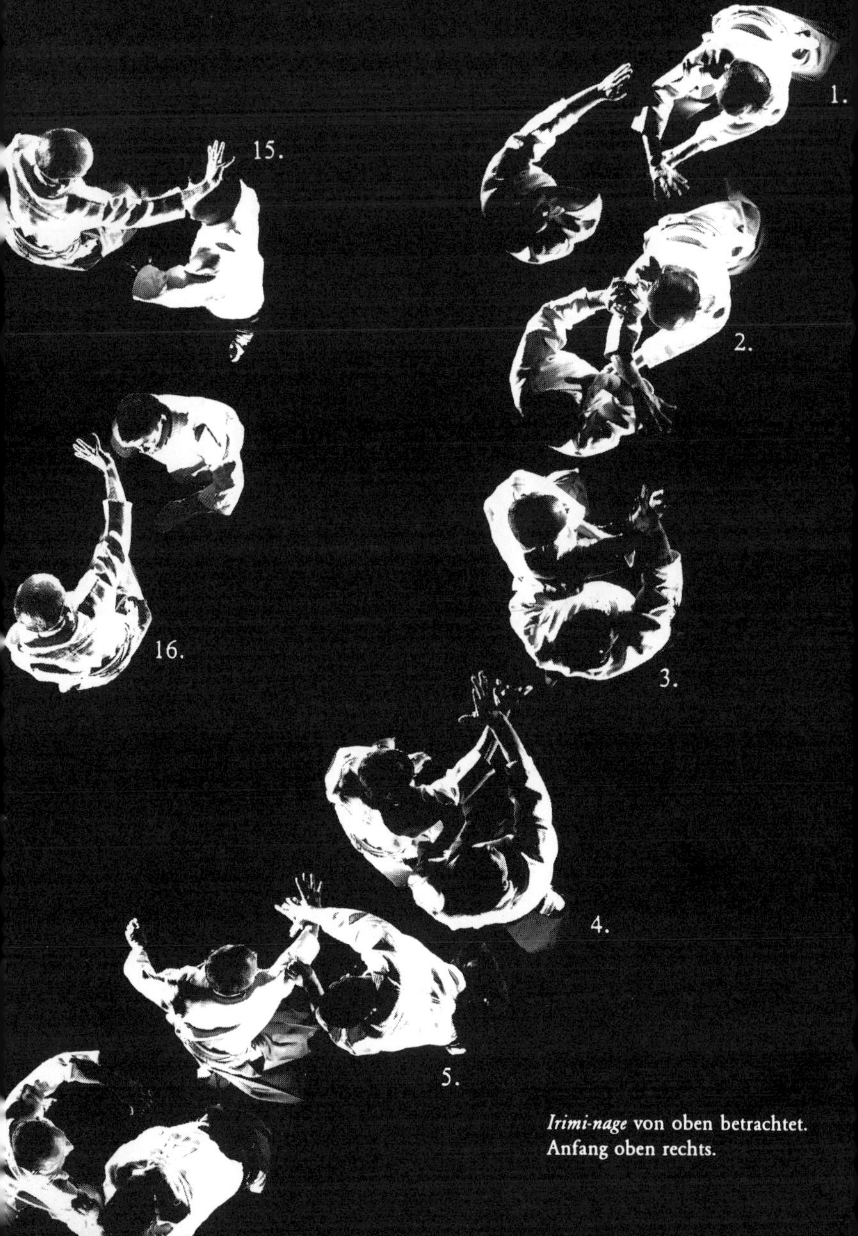

Irimi-nage von oben betrachtet.
Anfang oben rechts.

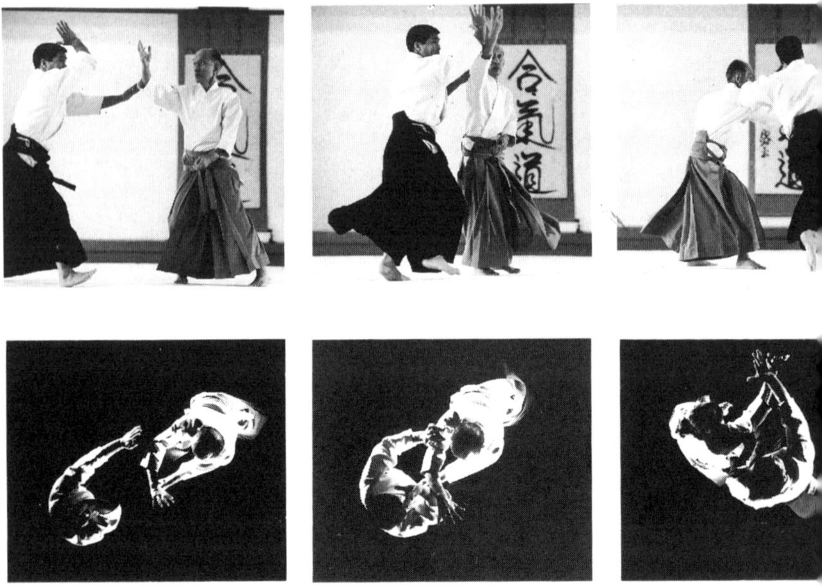

1. Der Nage nimmt die Grundstellung *hanmi* ein und streckt seine rechte *te-gatana* (Schwerthand) dem Gegner direkt entgegen. Durch die ausgestreckte Hand gelockt, beginnt der Gegner, sich zu bewegen in der Absicht, dem Nage mit der rechten Hand einen Schlag gegen die Brust zu versetzen.

Die Grundstellung *hanmi* (schräg gegenüberstehend) ist typisch für Aikidō; man sollte sich immer von *hanmi* zu *hanmi* bewegen.

Die normale Art, sich beim Aikidō mit den Füßen zu bewegen, heißt *suri-ashi* (gleitende Füße). Dies ist die effektivste Art, sich zu bewegen, während man gleichzeitig die größtmögliche Stabilität auf der Ebene der Hüften behält. Bei *suri-ashi* ist es wichtig, daß die Knie sowohl flexibel als auch standfest sind.

2. Die rechte *te-gatana* des Gegners kommt herunter, als wolle sie die des Nage bedecken. Dadurch ist der Gegner in der Lage, den Nage an dessen rechter Schulter zu packen. An diesem Punkt wird der Gegner in die kreisförmige Bewegung des Nage hineingezogen.

3. Der Nage dreht sich links herum und benutzt seinen rechten Fuß als Drehpunkt. Dadurch wird der Gegner eingewickelt, während die beiden Körper in einer einzigen Bewegung verschmelzen.

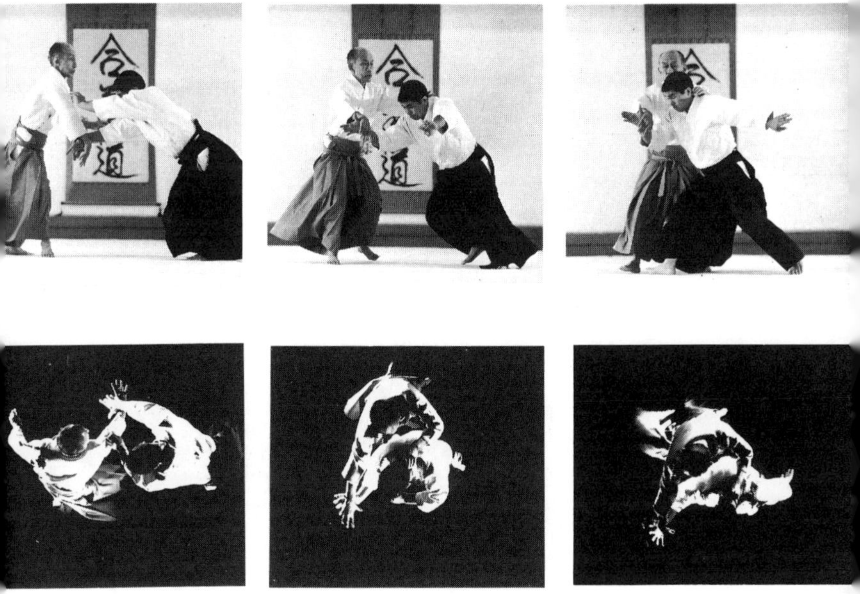

4. Dies ist der Punkt, an dem die Drehung in die andere Richtung beginnt. Nachdem sich der Nage auf seinem rechten Fuß gedreht hat, dreht er sich nun um 180° nach links und bringt den Gegner dazu, seiner rechten *te-gatana* zu folgen. Dann ergreift der Nage die Gelegenheit und fängt an, sich nach rechts zu drehen, wobei er wiederum seinen rechten Fuß als Drehpunkt verwendet. Diese freie kreisförmige Drehung ist das A und O des Aikidō.
5. Jetzt ist der Gegner völlig aus dem Gleichgewicht, und die beiden bewegen sich weiter wie ein Körper im Mittelpunkt einer einzigen kreisförmigen Bewegung. In diesem Augenblick kontrolliert die rechte *te-gatana* des Nage das Handgelenk des Gegners mittels der Kraft, die von der Mittelachse des Kreises (die Mittellinie durch den Körper des Nage) ausgeht.
6. Während der Nage den Gegner kontrolliert, der nun in die völlig entgegengesetzte Richtung geführt wird, dreht sich der Nage weiter, wobei er dieses Mal seinen linken Fuß als Drehpunkt benutzt.

7-9. Die Drehung wird fortgesetzt, wobei sich die beiden Körper wie einer bewegen.
10. Jetzt ist das Gleichgewicht des Gegners nach vorne hin gebrochen. Der Nage nützt die instinktive Reaktion des Gegners, aufzustehen, aus und kontrolliert ihn von oben mit seiner rechten *te-gatana*. Es ist absolut notwendig, daß sich die Bewegungen des Nage mit denen seines Gegners decken, so als wären es nicht zwei, sondern ein Körper. In anderen Worten: der Gegner wird so gelenkt, als sei er ein Teil des Nage, und auf ganz natürliche Weise, so als sei er in die Natur des Nage aufgenommen worden.
11-12. Da der Gegner sein Gleichgewicht völlig verloren hat, wird er zu Fall gebracht.

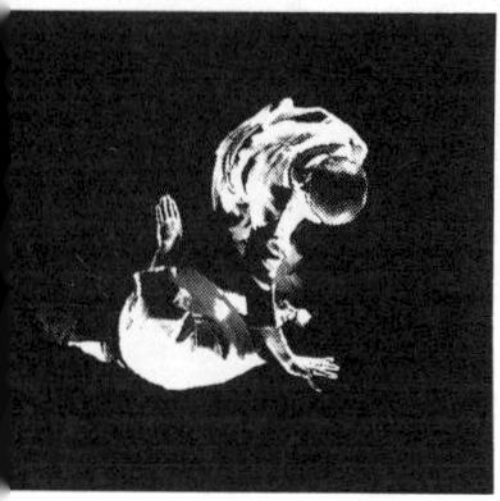

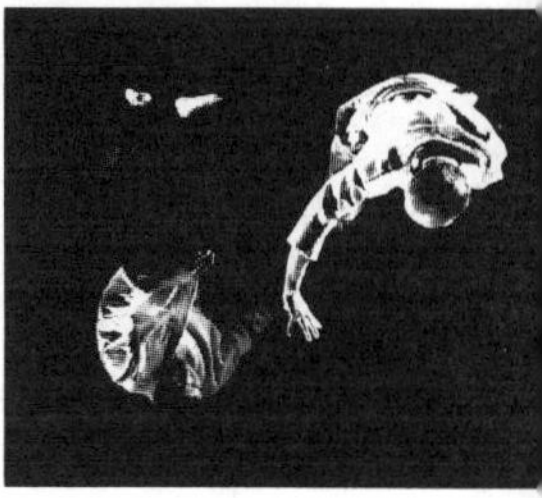

Der Dōshu bei einer Vorführung

Beherrschung des Geistes, Kultivierung der Technik

HÖCHSTE MEISTERSCHAFT: DIE VERWIRKLICHUNG DES KERNS DES AIKIDŌ

Mir wurde einmal folgende Geschichte erzählt: Vor dem zweiten Weltkrieg reiste ein berühmter deutscher Wissenschaftler, der militärische Forschung betrieb, nach Japan. Als er in die Heimat zurückkehrte, nahm er mehrere japanische Schwerter mit. Er beauftragte ein Institut, das sich auf die Erforschung und Entwicklung von Stahl hoher technologischer Qualität spezialisiert hatte, mit der wissenschaftlichen Analyse dieser Schwerter. Der Wissenschaftler war ein Bewunderer japanischer Schwerter, hielt sie für außerordentlich beachtenswert und wußte um ihre Überlegenheit über europäische Schwerter.

Die ausgeprägte Schlichtheit des japanischen Schwertes täuscht über seine zahlreichen vorzüglichen Eigenschaften hinweg: die außerordentliche Detailarbeit auf der Klinge und dem Griff, das scharfe, klare Gefühl beim Hieb, das sanfte Gefühl in den Händen, wenn sich der Aufprall beim Kontakt natürlich verteilt, die durch einen Kern aus weicherem Stahl erreichte Widerstandsfähigkeit, und schließlich das seltene Auftreten von Schäden an der gehärteten Schneide.

Der Wissenschaftler war sich dieser Eigenschaften bewußt, aber etwas störte ihn: die mystische Atmosphäre, welche die traditionelle Methode des Schmiedens der Stahlklinge umgab und welche verlangte, daß der Schwertschmied, der ganz in Weiß gekleidet war, um die Reinheit zu symbolisieren, seine Arbeit vor einem Shintō-Altar verrichtete. Dies erschien ihm äußerst primitiv, und er sah auf die Ehrfurcht herab, welche die Japaner für das Schwert empfinden. Er wollte zum Kern des Rätsels vordringen und das Geheimnis lüften, aber so ernsthaft er auch darum bat, wurde ihm die Erlaubnis, dem Schwertschmied bei seiner Arbeit zuzuschauen, nie erteilt.

Infolgedessen beschloß er, die Materialien und die Herstellungsmethode wissenschaftlich analysieren zu lassen. Von den im Labor gesammelten wissenschaftlichen Daten erhoffte er sich die Möglichkeit, das Schwert mittels der zur damaligen Zeit neuesten Technologie nachzubauen. Als Deutscher mit absolutem Vertrauen in die Wirksamkeit der Wissenschaft muß er davon überzeugt gewesen sein, daß eine genaue Reproduktion des japanischen Schwertes hergestellt werden könnte. Vielleicht hat er sich auch vorgestellt, daß er die althergebrachten, seiner Meinung nach esoterischen Techniken des Schwertschmiedes bloßstellen könnte.

Wie erzählt wurde, war das Ergebnis ein totaler Fehlschlag. Das Sammeln der wissenschaftlichen Daten verlief natürlich problemlos. Als er dann aber tatsächlich versuchte, ein Schwert zu schmieden, war das fertige Produkt nichts weiter als ein gewöhnliches Schwert wie jedes andere auch. Auch als er seine Experimente wiederholte und die Herstellungsmethode modifizierte, führte sein Einsatz von wissenschaftlichem Know-How zur Enttäuschung. Zum Schluß sah er sich gezwungen, seinen Versuch aufzugeben und die Überlegenheit der »althergebrachten, esoterischen« Methode des japanischen Schwertschmiedens anzuerkennen.

Aus dieser Episode könnte man schließen, daß, auch wenn traditionelle japanische Handwerkskunst der modernen, wissenschaftlichen Analyse unterzogen werden kann, es immer noch ein Element oder eine Zutat gibt, die sich durch herkömmliche Methoden der Überprüfung oder Analyse nicht bestimmen läßt. Bei der traditionellen Technologie ist ein Großteil des Erfolges auf ein intuitives Können, genannt *kan*, zurückzuführen, das nur durch jahrelanges Üben erworben werden kann. Wenn *kan*-Intuition funktionieren soll, muß man eine kreative Spannung erleben, die von der gezielten Konzentration auf die zu verrichtende Arbeit herrührt. Dadurch wird es einer höheren Kraft ermöglicht, in den Prozeß einzugreifen. Der Erfolg hängt zum großen Teil davon ab, ob man von dieser höheren Kraft, *kami* (Gottheit, göttliche Eingebung), erfüllt wird. Bei der Herstellung eines jeden Schwertes verläßt sich der japanische Handwerker auf *kan*. Dies gilt nicht nur für die Auswahl der richtigen Werkstoffe, sondern auch für deren genaue Kombination, die in seiner Familie überliefert wird. Es ist keine Übertreibung, wenn man behauptet, daß der ganze Prozeß des Schmelzens, Schmiedens und Abkühlens von der schwer faßbaren Wirkung von *kan* abhängt.

Wenn wir das japanische Schwert in seinen Bestandteilen Klinge und Griff betrachten, so setzt sich die Klinge aus der Schneide, der Spitze, dem Rücken und dem *shinogi* (einer gratartigen Erhebung entlang des Schwertes zwischen Schneide und Rücken) zusammen. Jedes Teil spielt beim Schwertkampf eine etwas andere Rolle. Dementsprechend werden die

Teile aus unterschiedlichen Werkstoffen und mittels unterschiedlicher Methoden hergestellt. All diese feinen Unterschiede werden durch *kan*-Intuition bestimmt, die aus intensiver Konzentration und einer fast religiösen Hingabe an die Handwerkskunst entsteht. Aus diesem Grunde hat der Schwertschmied an seinem Arbeitsplatz einen Altar zur Verehrung von *kami*, trägt zeremonielle weiße Gewänder und vollzieht Reinigungsriten als festen Bestandteil des Schmiedevorgangs. In dieser feierlichen Atmosphäre kann er seinen Geist zur Ruhe kommen lassen. Dann ist er bereit, mit seiner Aufgabe zu beginnen.

Für den Schwertschmied ist seine Arbeit eine heilige Kunst, denn wenn dies nicht so wäre, würde das *kami* verärgert – davon ist er felsenfest überzeugt – und seine *kan*-Intuition stören. Nicht nur die einzelnen Teile, sondern das japanische Schwert als Ganzes sind Ergebnisse der Intuition und der göttlichen Kraft, welche außerhalb des Rahmens einer wissenschaftlichen Analyse liegen und deswegen »geheimnisumwittert« sind. Die Tatsache, daß der deutsche Wissenschaftler, angezogen von der mystischen Schönheit des japanischen Schwertes, überhaupt versuchte, eine wissenschaftliche Analyse zu machen, war ein Widerspruch in sich. Sein Experiment war daher von vornherein zum Scheitern verurteilt.

Ähnliche Schwierigkeiten ergeben sich bei dem Versuch, das tiefste Wesen des Aikidō zu erklären, wenn ein Anfänger oder ein Außenstehender danach fragt. Der Begriff läßt sich nicht so ohne weiteres mit Worten erklären. Das tiefste Wesen ist eine individuelle, intuitive Erfahrung, die Menschen eventuell mit Glück nach jahrelangem Üben und Suchen machen. Es ist eine Verkettung komplexer Faktoren und gleichzeitig ein Bestandteil jener Weisheit, die sich in traditionellen japanischen künstlerischen Leistungen ausdrückt. Es ist von solcher Art, daß, solange man auf dem Weg des Trainierens unbeirrt fortschreitet mit dem Ziel, es zu erfahren, seine Verwirklichung früher oder später eintreten wird. Diese Art von Vertrauen, gepaart mit *nen*-Einsicht, wird das Herz des Aikidō erschließen und zur Verwirklichung seines tiefsten Wesens führen.

Da dieses Wesen trotz der Tatsache, daß es überall zu finden ist, in hohem Maße individualistisch ist, wird es je nach Person und deren Leistungsstand auf unterschiedliche Art und Weise erlebt. Dies ist der Grund, warum es wohl unmöglich ist, eine allgemein gültige Aussage darüber zu machen, ohne Mißverständnisse in die Welt zu setzen. Dennoch läßt sich mit Gewißheit sagen, daß das tiefste Wesen die höchste Erkenntnis darstellt, die Meister Ueshiba während der Jahre seines unablässigen Trainierens und Suchens erlangt hat. Daher werden wir uns im folgenden einigen seiner Aussagen zuwenden, welche das zeigen, was er unter besagtem Wesen verstand. Über diese Aussagen sollte man in aller Ruhe nachdenken, da sie die höchste Erkenntnis für den einzelnen Aikidōka, je nach dessen Trainingsstand, nur annähernd in Worte fassen können.

»Ich trainierte meinen Körper durch Budō, und als ich zum tiefsten Wesen vordrang, wurde mir eine noch höhere Wahrheit zuteil. Als ich den Kern der universellen Wirklichkeit erkannte, wurde mir klar, daß die Menschen Körper und Geist und das Ki, das die beiden verbindet, miteinander vereinen müssen. Gleichzeitig erkannte ich, daß jeder Mensch seine Aktivität mit der Aktivität aller Dinge im Universum in Einklang bringen muß. Dank des subtilen Wirkens des Ki werden Körper und Geist harmonisiert, und das Verhältnis zwischen Individuum und Universum wird ausgeglichen.

Wenn das subtile Wirken des Ki nicht richtig zur Geltung kommt, erkranken Körper und Geist, erlebt die Welt ein Chaos, und das ganze Universum gerät aus den Fugen. Aikidō ist der Weg der Wahrheit. Trainieren des Aikidō bedeutet auch Trainieren in der Wahrheit. Aus der Hingabe, dem Trainieren und dem Durchdringen wird *kami-waza* (göttliches Werk/göttliche Technik) geboren.

Nur wenn man folgende drei Arten zu trainieren befolgt, wird die unerschütterliche Wahrheit, die einer übermenschlichen Kraft gleicht, Teil des eigenen Körpers und Geistes.

1. Trainieren, um seinen Geist mit der Aktivität aller Dinge im Universum in Einklang zu bringen.
2. Trainieren, um seinen Körper mit der Aktivität aller Dinge im Universum in Einklang zu bringen.
3. Trainieren, um das Ki, das Körper und Geist miteinander verbindet, mit der Aktivität aller Dinge im Universum in Einklang zu bringen.

Der wahre Aikidōka ist derjenige, der diese drei Punkte gleichzeitig übt und verwirklicht, und zwar nicht nur theoretisch, sondern auch praktisch, sowohl im Dōjō als auch in jedem Moment seines Lebens.«

Meister Ueshiba lehrte unablässig:

»Jede Technik einer Kampfkunst muß mit der Wahrheit des Universums übereinstimmen. Ist dies nicht der Fall, so wird sich die Kampfkunst isolieren und im Widerspruch zur Liebe erschaffenden Kampfkunst des *take-musu* (wörtlich »Kampfkunst-schöpferische Lebenskraft«) stehen. Aikidō ist *take-musu* par excellence. Kampfkunst (*take*) bedeutet hier das heroische Brüllen, die Schwingungen des Körpers, die Kraft von OM, das durch das Universum widerhallt.

Die Schwingungen des Körpers entstammen der Einheit von Körper und Geist, welche einen Einklang mit den Schwingungen des Universums herstellt. Die gegenseitige Reaktion und der gegenseitige Austausch erzeugen das *ki* des *aiki*. Das Wesen des Aikidō besteht in der Symbiose der Schwingungen des Körpers mit den Schwingungen des Universums. Daraus entstehen Wärme, Licht und Kraft, die in einem vollends erleuchteten Geist vereint sind. Die Kraft der Schwingungen des Körpers und die Schwingungen des Universums beleben das subtile Wirken des Ki und lassen das *take-musu ai-ki* entstehen, jene Kampfkunst, die Liebe ist, eine Liebe, die nichts anderes als die Kampfkunst selbst ist.«

Auf die Frage, wie man die Einheit des Ki des Universums mit dem Ki des Individuums, ihr harmonisches Zusammenwirken und gegenseitiges Reagieren erreicht, lautet die Antwort: durch intensives Trainieren und Üben. Dadurch werden Harmonie und Liebe in den Mittelpunkt des Aikidō gerückt. Beide liegen dem Aikidō zugrunde. Meister Ueshiba betrachtete dies als das tiefste Wesen und die höchste Wahrheit.

Dem durchschnittlichen Aikidōka mag dieser philosophische Ansatz unerreichbar scheinen. Er verlangt vielleicht eher anhand von konkreten Bewegungen und Techniken ein praktisches Beispiel für das Wesen des Aikidō. In der Tat lehrte Meister Ueshiba nicht gern mit Worten. Ihm war es lieber, wenn jeder Aikidōka es durch Trainieren und Üben selbst erfuhr, wie er es in seinem Gedicht ausdrückt:

Ai-ki läßt sich nicht erschöpfen
im Niedergeschriebenen oder im Gesprochenen.
Ohne leeres Geschwätz zu betreiben,
versteht durch Üben!

Diese Aussage ist identisch mit der Erkenntnis, daß es unmöglich ist, das Geheimnis des japanischen Schwertes durch Analysen zu lüften. Es kann nur durch konkrete Erfahrungen persönlich erlebt werden. Alle Angelegenheiten des menschlichen Herzens und Geistes folgen diesem Prinzip.

Wenn Meister Ueshiba das Wesen und die Wahrheit des Aikidō doch erklärte, tat er dies gewöhnlich mit Hilfe von Gedichten oder er hielt seinen Schülern gelegentlich Vorträge. Die Anzahl seiner Äußerungen ist keineswegs gering, und da jede nur einen Aspekt seiner Philosophie wiedergibt, könnten sie mißverstanden werden und sollten daher mit Bedacht gelesen werden. Aber für diejenigen, die sich vielleicht für einen kurzen Einblick in seine Gedichte und Vorträge interessieren, sind nachfolgend einige abgedruckt.

Unter seinen Gedichten könnten diese lehrreich sein:

Mit einem langen Schwert angreifend
denkt der Feind, ich sei vor ihm.
Aha, hinter ihm.
Da stehe ich schon.

Auch umzingelt von mehreren Feinden,
die euch angreifen,
kämpft in dem Gedanken,
daß es bloß einer sei.

Wenn ihr in einen Wald voller Speere eintretet
und von ihnen umstellt seid,
vergeßt nicht, daß euer Geist
euer Schutzschild ist.

Mit eurer rechten Hand
im Zeichen des Yang,
mit eurer linken Hand im Zeichen des Yin,
führt euren Gegner.

Wenn der Feind auf euch zugerannt kommt
und auf euch einschlägt,
weicht ihm aus mit einem Schritt zur Seite,
greift sofort an, und schlagt zu.

Warum fixiert ihr eure Augen
auf das schwingende Schwert?
Sein Griff zeigt schon,
wohin er schlagen will.

Diese Gedichte, die Meister Ueshiba am Anfang seiner Laufbahn verfaßte, als er auf dem Höhepunkt seiner Kräfte war, drücken das tiefste Wesen des Aikidō im Kampf um Leben und Tod aus. In späteren Jahren vermied er den Gebrauch des Wortes ›Feind‹, aber der Hauptinhalt der Kampfkunst, den man im Dōjō üben soll, bleibt trotzdem klar. Regelmäßigen Teilnehmern am Training sollten diese kurzen Andeutungen über das Wesen des Aikidō, wie sie in diesen Gedichten zu finden sind, klar sein. Es werden *irimi* (Eintreten), *enten* (kreisförmige Drehung), *te-gatana* (Schwerthand), *atemi* (direkter Schlag) und *randori* (Abwehr eines einzelnen gegen viele) erwähnt. Der entscheidende Punkt ist jedoch die geistige Haltung. Wir zitieren im folgenden einige Ausschnitte der Gespräche, die von Meister Ueshibas Schülern bei verschiedenen Gelegenheiten schriftlich festgehalten wurden.

»Schaut dem Gegner nicht nur in die Augen, weil sie euren Geist absorbieren werden. Schaut nicht nur auf das Schwert des Gegners, weil es euch euer Ki wegnehmen wird. Schaut euren Gegner nicht nur an, weil sein Ki euch sonst kontrollieren wird. Kampfkunsttraining ist Training der magnetischen Kraft in einem selbst, die es ermöglicht, den anderen, so wie er ist, zu absorbieren. Deswegen brauche ich nichts weiter zu tun, als einfach hier zu stehen.

Denkt nicht darüber nach, ob ihr vor oder nach dem Gegner zuschlagen sollt. Tut ihr das, zeigt ihr, daß euch der andere zu präsent ist. Beim Aikidō gibt es zwar einen Gegner, aber in Wirklichkeit gibt es keinen Gegner. Wenn man sich bewegt, wie man will, bewegt sich auch der andere, wie man will, da er mit einem vereint worden ist. Wenn man sich also bewegt, wie man möchte, folgt der andere auf ganz natürliche Art und Weise nach.

Jeder Mensch sollte in der Lage sein, einen anderen mit nur einem Finger unbeweglich zu machen. Die menschliche Kraft ist auf einen Kreis beschränkt, in dessen Mittelpunkt der Mensch selbst steht. Seine Kraft kann nicht über diesen Kreis hinausgehen. Egal wie stark ein Mann ist: wenn er über seinen Kreis hinaus gestreckt wird, hat er keine Kraft. Versucht man, einen Gegner außerhalb seines eigenen Kraftkreises auf dem Boden zu fixieren, so kann man umgekehrt selbst – da man ohne Kraft ist – mit dem kleinen Finger festgehalten werden. Wenn man sich innerhalb des eigenen Kraftkreises bewegen und den anderen dazu bringen kann, aus seinem Kreis herauszutreten, so ist die Sache schon entschieden.

Wahre Atmung bedeutet, mit dem Universum in Einklang zu atmen. Dann erhält man die Kraft der Natur. Sich spiralförmig nach rechts drehend, steigt man aufwärts. Sich spiralförmig nach links drehend, steigt man abwärts. Spiral- und kreisförmig dreht man sich ungehindert im Himmel und auf Erden. Das Entscheidende ist, daß man das Prinzip der Einheit von Atmung und kreisförmigen Drehungen vollkommen versteht.«

In diesen *ad hoc* formulierten Äußerungen Meister Ueshibas ist das Wesen des Aikidō enthalten. Obwohl es für Meister Ueshiba leicht war, über das Wesen des Aikidō zu sprechen, kann man es nur äußerst schwer erfassen. Außerdem dürfen wir nie vergessen, daß Meister Ueshiba selbst erst nach vielen Jahren des intensiven Übens und der strengen Disziplin zu einer philosophischen Deutung kam.

Obwohl es äußerst schwierig ist, das tiefste Wesen des Aikidō anhand von praktischen Beispielen darzustellen, können wir es versuchen, indem wir uns auf eine Grundtechnik, *shihō-nage* (»Wurf in vier Richtungen«) konzentrieren. Vielleicht ist es nicht möglich, diese ausführlich und überzeugend in einem Buch zu diskutieren. Unsere unmittelbare Absicht besteht jedoch darin, das Prinzip hinter dieser Technik zu begreifen, welche in ihrem Kern mit gewissen Bewegungen der Schwertkunst übereinstimmt. Dem Aikidōka ist natürlich bekannt, daß auch viele andere Grundtechniken enge Beziehungen zu Schwerttechniken aufweisen.

Die Anwendung des Prinzips der Schwertkunst

Der Weg des *aiki* und der Weg des Schwertes sind in ihren grundlegenden Prinzipien, Bewegungen und Methoden eng miteinander verflochten. Oberflächlich betrachtet scheinen die beiden extreme Gegensätze darzustellen, weil Aikidō eine waffenlose Kampfkunst ist, während sich die Schwertkunst einer Waffe bedient. Aber bei genauerer Betrachtung lassen sich viele gemeinsame Punkte erkennen. (Wir beziehen uns hier auf *Kenjutsu*, den kriegerischen Schwertkampf, und nicht auf *Kendō*, welches eine moderne Sportart ist. Die Ähnlichkeit mit Aikidō ist weniger im Kendō als in seinem Vorläufer zu finden.)

Es wird allgemein vermutet, daß Aikidō eher mit Jūdō als mit der Schwertkunst verwandt ist. Diese Vermutung ist verständlich, weil beides waffenlose Kampfkunstformen sind. Und wer auch nur ein wenig über den Hintergrund von Meister Ueshiba weiß, der ist sich des äußerst bedeutenden formativen Einflusses des Jūjutsu bei der Entwicklung des Aikidō bewußt. Meister Ueshiba, der das Jūjutsu der Daitō-Schule trainierte, ließ einige ihrer Methoden ins Aikidō einfließen. In der Tat sind Techniken wie *kote-gaeshi* (Handgelenktechnik), *atemi* (direkter Schlag), *nage* (Würfe) und *katame-waza* (Armhaltetechniken am Boden) dem klassischen Jūjutsu oder seiner modernen Form, dem Jūdō, nachempfunden.

Die Unterschiede überwiegen jedoch im Vergleich zu den Gemeinsamkeiten. Beim Aikidō z.B. gibt es nichts dem Fassen des Ärmels oder Kragens des Gegners Vergleichbares, wie es beim Jūdō zu sehen ist. Eben weil es kein direktes Ringen und keinen Wettkampf gibt, besitzt Aikidō keine offensiven Techniken. Außerdem hat es nicht die gleichen Bodentechniken, mit denen ein Gegner durch Gelenkhebel und Nackengriffe kampfunfähig gemacht werden kann.

Zu den vielen Ähnlichkeiten zwischen Aikidō und der Schwertkunst zählen bestimmte Grundelemente: *kamae* (Grundstellung), *ma-ai* (korrekter Abstand zwischen zwei Personen), *me-tsuke* (das Fixieren der Augen), *ashi-sabaki* (Fußbewegungen) sowie die abgeleiteten Techniken, von denen alle frappierend ähnlich, wenn nicht sogar identisch sind. Während beim Jūdō der Anzug wegen des Ringens locker getragen wird, ist die Standardbekleidung sowohl beim

Aikidō als auch bei der Schwertkunst das *hakama*, die lange rockähnliche, formelle Bekleidung der Japaner, die die freie Bewegung zweier Personen, die sich gegenüberstehen, begünstigt. (Beim Kendō wird das *hakama* auch benutzt, aber in Verbindung mit verschiedenen Schutzausrüstungen. Beim Aikidō tragen Anfänger normalerweise kein *hakama*.)

Andererseits weist ein genauer Vergleich des Aikidō mit der Schwertkunst kleine Unterschiede auf. Ein Beispiel bietet *ma-ai* (korrekter Abstand). Bei der Schwertkunst stimmt der Abstand zwischen zwei Personen, wenn sich die Spitzen der beiden gegeneinander gerichteten Schwerter etwas überlappen, so daß ein Schritt nach vorn einen tödlichen Schlag auf den Gegner bedeuten würde. Wenn sich dagegen beim Aikidō zwei Menschen in der *hanmi*-Position gegenüberstehen, berühren sich die Hände, die der Schwertschneide entsprechen, nicht. Der Abstand zwischen ihnen wird dann so korrigiert, daß *irimi* (die eintretende Technik) optimal ausgeführt werden kann. Darüber hinaus bleibt beim Schwertführen das Grundprinzip zur Einschätzung des Abstandes gleich, egal wie hoch oder tief das Schwert gehalten wird. Beim Aikidō wird jedoch der Abstand entsprechend der Technik – je nachdem, ob beide Partner knien (*suwari-waza*), ob ein Partner steht, während der andere kniet (*hanmi-handachi-waza*), ob beide stehen (*tachi-waza*), ob einer gegen viele antritt (*randori*) oder ob sich einer gegen einen bewaffneten Angreifer verteidigt (*tai-buki-waza*) – unterschiedlich sein.

Aus diesen Gründen können wir nicht sagen, ob sich Aikidō und die Schwertkunst genau entsprechen, aber wie oben erwähnt haben die grundlegenden Prinzipien, Bewegungen und Methoden viel Gemeinsames. Die Gemeinsamkeiten sind jedoch nicht per Zufall entstanden, denn Meister Ueshiba hatte von Anfang an die deutliche Absicht, die Vorzüge der Schwertkunst auszunutzen. Er wandte viel Zeit und Energie darauf, sie ins Aikidō zu integrieren.

Bereits in seiner Kindheit interessierte sich Meister Ueshiba für die Schwertkunst. In der Tat, bevor er sich ins Daitō-Jūjutsu vertiefte, widmete er sich der Meisterung der Schwertkunst. Selbst nachdem er Aikidō als eine unabhängige Budōform gegründet hatte, trainierte er sehr gerne mit dem Schwert und dem *bokutō* (Holzschwert). Zu einem gewissen Zeitpunkt wurde im Kōbukan Dōjō eine Kendō-Sektion eröffnet, und zwischen 1936 und 1940 besuchten viele führende Mitglieder des Yūshinkan, darunter Nakakura Kiyoshi, Haga Jun'ichi, Nakajima Gorōzō und andere, unser Dōjō. Als ich Jugendlicher war, redete mir Meister Ueshiba zu, die Schwertkunst nach Art des Kashima Shintō-Stils zu lernen, was auch von seinem Gefühl der tiefen Liebe und des hohen Respekts für die Kunst zeugt. Indem er sich aktiv bemühte, gewisse Prinzipien der Schwertkunst ins Aikidō aufzunehmen, versuchte er vielleicht, eine theoretische Basis für Aikidō zu entwickeln, welches damals noch in den Kinderschuhen steckte.

Im Grunde ist Aikidō eine waffenlose Kampfkunst, aber die Hand etwa ist nicht nur eine Verlängerung des Körpers, sondern – als Schwerthand (*te-gatana*) bekannt – verwandelt sie sich in ein Schwert und wird somit zu einer Waffe, mit der man schlagen kann.

Und wenn die Hand als Schwert eingesetzt wird, verhält sie sich natürlich wie das Schwert eines Schwertkämpfers. Dieses Beispiel zeigt eine Bewegung beim Aikidō als konkrete Übersetzung eines Prinzips aus der Schwertkunst.

Ein Paradebeispiel für diese Übersetzung ist *shihō-nage*. Das Prinzip dieser Technik lehnt sich an die Grundmethode, das Schwert zu führen, an. Man steht entweder mit dem linken oder rechten Fuß nach vorn als Drehachse und führt das Schwert so, daß man in vier, acht oder sechzehn Richtungen schlagen kann. Mit Hilfe der Aikidō-Grundtechniken *irimi* (Eintreten) und *enten* (kreisförmige Drehung) wird die Schwerthand (*te-gatana*) eingesetzt, um Gegner in vier, acht oder sechzehn Richtungen zu werfen.

Diese Technik hat unbegrenzte Variationsmöglichkeiten je nach Situation und Bedarf. Wenn der Gegner entweder mit der linken oder der rechten Handkante seitlich zum Kopf (*yokomen-uchi*) schlägt, wird dieser Angriff mit einem *shihō-nage* beantwortet. Wenn der Gegner beide Handgelenke von hinten faßt (*ushiro-ryōtekubi-tori*), wird *shihō-nage* aus dieser Position ausgeführt. Und wenn ein Gegner von vorn angreift, dann aber um den Verteidiger herumgeht, um dessen Schultern von hinten zu fassen, während der Verteidiger kniet (*hanmi-handachi-ushiro-ryōkata-tori*), dann verteidigt man sich auch hier mit *shihō-nage*. Unabhängig von der Situation läuft *shihō-nage* prinzipiell immer nach dem gleichen Schema ab. In der ersten Phase wird der Gegner durch *irimi* (Eintreten) und *enten* (kreisförmige Drehung) aus dem Gleichgewicht gebracht. Während der zweiten Phase zieht man den

Gegner in seinen eigenen Bewegungskreis hinein. In der letzten Phase wird die rechte oder die linke Hand (manchmal beide Hände) als *te-gatana* (Schwerthand) benutzt, über den eigenen Kopf gehoben und schnell heruntergebracht, um den Gegner zu werfen.

Jede Bewegung in *shihō-nage* wird in dem vollen Bewußtsein ausgeführt, daß man die Hand als Schwert einsetzt. Dies impliziert, daß die Hand des Gegners auch als Schwertschneide betrachtet werden muß. Obwohl weder der Angreifer noch der Verteidiger bewaffnet ist, wird die Technik mit der gleichen Intensität ausgeführt, als würden offene Klingen benutzt. Selbstverständlich hängen die Kraft und die Effektivität des *shihō-nage* von der Konzentration des Ki ab. Der aus der Atemkraft stammende Ki-Fluß drückt sich ungehindert durch die Hand – die Schneide – aus, was zu der kurzen und kraftvollen Ausführung des Wurfes führt. Wenn kein Ki fließt, wird man den Gegner nur schwer werfen können.

Shihō-nage wird als das A und O der Aikidō-Techniken und seine Beherrschung als Zeichen des meisterhaften Könnens beim Aikidō angesehen. Dies ist auf die Tatsache zurückzuführen, daß es das Prinzip der Schwertkunst am deutlichsten verkörpert. Shihō-nage ist das herausragende Beispiel für das enge Verhältnis zwischen Aikidō und der Schwertkunst.

Obwohl Aikidō im Grunde eine waffenlose Kampfkunst ist und ein typisches Training darin besteht, daß sich jeweils zwei Personen mit offenen Händen gegenüberstehen, sind auch Anwendungen der Grundtechniken mit dem Schwert (*ken*), Messer (*tantō*), Stock (*jō*) oder Stab (*bō*) zu finden. In diesem

Fall wird die Situation, in der die Hand als Schwert benutzt wird, umgekehrt: hier werden die Waffen nicht als Gegenstände, sondern als Verlängerungen des Körpers angesehen und benutzt.

Das Vorhergehende dürfte ausreichen, um das enge Verhältnis zwischen Aikidō und der Schwertkunst aufzuzeigen. Aber es reicht nicht aus, um die Frage zu beantworten, warum Meister Ueshiba die Schwertkunst in die Entwicklung des Aikidō mit aufnahm. Wir sollten die geniale Schöpferkraft von Meister Ueshiba voll anerkennen, mit der er Aikidō entwickelte, das auf klassischem Jūjutsu und den Prinzipien der Schwertkunst beruht, die in ihrer jeweiligen Natur offensichtlich verschieden waren. Seine Originalität liegt nicht darin, daß er die beiden Kampfkünste einfach miteinander verband, sondern darin, daß er eine neue Budōform gründete, die das Beste aus beiden zum Vorschein brachte.

Der brennende Wunsch Meister Ueshibas war, mit der Gründung des Aikidō die äußerst wertvolle Erbschaft des Budō in der modernen Welt lebendig zu halten. Um sein Ziel zu verwirklichen, ging er über die Unterschiede in der äußerlichen Form hinaus, um das Wesen jeder Kampfkunst zu begreifen und ihr in einer neuen Form Leben zu verleihen. Die motivierende Kraft rührte von seiner intensiven spirituellen Suche nach der Entdeckung einer lebensspendenden und lebensbejahenden Philosophie im Budō her. Das Ergebnis war die Übertragung des Herzens des Budō in das Herz des Aikidō, das der Weg der Harmonie und der Liebe ist.

Kraft durch ein Leben im Einklang mit der Natur

Die Freude am Trainieren

Von Anfang an wurde beim Aikidō vorgezogen, die Aikidōka nicht übermäßig durch Regeln und Vorschriften einzuschränken. Man war der Meinung, daß sie unnötig seien, weil Schüler auf eigene Initiative ins Dōjō kamen und die meisten irgendein Ziel durch das Aikidō-Training erreichen wollten. Von ihnen konnte also erwartet werden, daß sie die korrekten Verhaltensregeln befolgen würden.

Aus dieser Grundhaltung entstand die Leitlinie, niemandem, der kommen wollte, den Eintritt zu verwehren, und jenen, die das Dōjō verließen, nicht hinterherzurennen. Diejenigen, die aus freien Stücken kamen, würden von sich aus die Etikette im Dōjō befolgen, und jene, die weggingen, würden die Regeln und Vorschriften nicht mehr brauchen. Es herrschte eher die Tendenz, den Ereignissen ihren natürlichen Lauf zu lassen, als die Schüler unnötig einzuengen.

Einen Grund für die Betonung des Natürlichen lieferte die Tatsache, daß zu der Zeit, als Meister Ueshiba zum ersten Mal gebeten wurde, ein Aikidō-Dōjō zu eröffnen, die ersten Schüler reife und erfahrene Männer mit gesundem Menschenverstand und anerkannte Führer auf ihrem jeweiligen Gebiet waren. Da es Menschen mit einem ausgeprägten Gefühl für Verantwortung und Anstand waren, schien es keinen Grund zu geben, sie einem Verhaltenskodex im Dōjō zu unterwerfen. Meister Ueshiba nahm nicht einfach jeden auf. Er führte mit jedem potentiellen Schüler ein Aufnahmegespräch und wählte sehr sorgfältig aus. Auch wenn jemand mit einer Empfehlung von einer einflußreichen Person kam, ließ er sich dadurch nicht dazu bewegen, den Bewerber als Schüler aufzunehmen. Wenn jemandem jedoch erst einmal Eintritt ins Dōjō gewährt worden war, erlebte er das strenge Trainingsprogramm, und obwohl die Schüler nicht verpflichtet wurden, Regeln und Vorschriften zu befolgen, wurde ihnen in gewisser Hinsicht eine noch viel schwerere Last aufgebürdet. Es war jedoch eine, die sie aufgrund der anstrengenden Disziplin, die ihnen beim Aikidō-Training abverlangt wurde, bereitwillig akzeptierten.

Mit dem großen Zuwachs an Schülern wurden jedoch bald Forderungen nach Dōjō-Vorschriften laut. Einmal, als die älteren Schüler Meister Ueshiba aufsuchten und einen solchen Wunsch äußerten, lächelte er und sagte: »Also haben sich die Zeiten geändert!« Daraufhin schrieb er die sechs folgenden Richtlinien nieder und überreichte sie den Schülern. Diese Richtlinien wurden als die »beim Aikidō-Training zu beachtenden Punkte« bekannt:

»1. Beim Aikidō wird mit einem einzigen Schlag über Leben und Tod entschieden. Also müssen die Schüler genau befolgen, was der Lehrer unterrichtet und nicht miteinander konkurrieren, um festzustellen, wer der stärkste ist.

2. Aikidō ist der Weg, der lehrt, wie man mit mehreren Gegnern fertig wird. Die Schüler müssen ihre Wachsamkeit nicht nur nach vorn, sondern nach allen Seiten und auch nach hinten schulen.

3. Das Training sollte immer in einer fröhlichen Atmosphäre stattfinden.

4. Der Lehrer unterrichtet nur einen kleinen As-

pekt der Kampfkunst. Ihre vielseitigen Anwendungsformen müssen von jedem Schüler durch unablässiges Üben und Trainieren selbst entdeckt werden.

5. Beim täglichen Üben fangt zuerst mit leichten Körperbewegungen an und geht dann dazu über, intensiver zu arbeiten. Erzwingt nichts auf unnatürliche oder unvernünftige Art und Weise. Wenn diese Regel befolgt wird, werden sich selbst ältere Leute nicht verletzen, und sie können in einer angenehmen und freudigen Atmosphäre trainieren.

6. Der Sinn des Aikidō besteht darin, Körper und Geist zu trainieren und aufrichtige, ernsthafte Menschen hervorzubringen. Da alle Techniken von Person zu Person weitervermittelt werden sollten, zeigt sie nicht wahllos irgend jemanden, denn dies könnte dazu führen, daß sie von Schurken angewandt werden.«

Da dies um 1935 niedergeschrieben wurde, mag ein Teil der Sprache fast archaisch und unverständlich erscheinen, aber auch die heutige Jugend würde die Hauptpunkte verstehen können. Zusammenfassend lauten sie: 1. Richtiges Aikidō kann nur gemeistert werden, wenn man dem Unterricht des Lehrers strikt folgt. 2. Um Aikidō als Kampfkunst vollkommen zu beherrschen, muß man gegenüber allem, was um einen herum geschieht, wachsam sein und darf einem Angriff keine Öffnung (*suki*) bieten. 3. Das Üben macht Freude und Spaß, sobald man genug trainiert hat, um die Härte des strikten Übungsprogramms nicht mehr als Qual zu empfinden. 4. Begnügt euch nicht mit dem Unterricht im Dōjō. Man muß das Gelernte unaufhörlich verdauen, ausprobieren und weiter entwickeln. 5. Man sollte beim Training nichts unnatürlich oder unvernünftig forcieren. Man sollte seinem Körperbau, seiner Kondition und seinem Alter entsprechend trainieren. 6. Das Ziel des Aikidō ist, das wahrhaft menschliche Selbst zu entwickeln. Es sollte nicht dazu benutzt werden, das Ego zur Schau zu stellen.

Diese Punkte haben für das Aikidō-Training eine zentrale Bedeutung und gelten im Hombu Dōjō immer noch als ungeschriebenes Gesetz. Viele Menschen begrüßen insbesondere den dritten Punkt: »Das Training sollte immer in einer fröhlichen Atmosphäre stattfinden.« Eine gängige Stereotype der Kampfkünste ist der kantige Macho-Typ mit kraftstrotzendem Gang. Wenn jemand Draufgängertum herauskehrt, zeugt dies von einer Unwissenheit über das wirkliche Budō und ist eigentlich ein kindischer Versuch, mangelndes Selbstbewußtsein zu übertünchen. Diejenigen, die Budō wirklich begriffen haben, verhalten sich entspannt. Sie vermitteln sogar den Eindruck, daß sie weich und sanftmütig sind. Diejenigen, die Vertrauen zum Budō haben, stolzieren nie herum, prahlen nicht, und ihr Auftreten ist immer angenehm. Nach außen strahlen sie Sanftmut aus; innen besitzen sie große Kraft. Im täglichen Leben sind sie unscheinbar und bescheiden. Ihre Handlungen sind natürlich, und sie wirken nie gezwungen. Sie geben sich, wie sie sind, leben natürlich und spontan. Dies ist das Bild des wahren Adepten der Kampfkünste. Wenn sich solche Menschen zum Aikidō-Training treffen, ist die Atmosphäre in der Tat fröhlich.

Ich habe die Übersicht über die Anzahl der Aikidōka verloren, mit denen ich über die Jahre täglich in Kontakt gekommen bin. Allein im Hombu Dōjō sind es beinahe 100.000 Menschen gewesen, und wenn ich außerdem jene hinzuzählen würde, die ich in angegliederten Dōjō und anderen Zentren unterrichtet habe, würde sich die Gesamtzahl auf einige Hunderttausend belaufen. Es freut mich zu sehen, wie die überwiegende Mehrheit Aikidō mit großer Ernsthaftigkeit und Hingabe trainiert. Wenn es jedoch darum geht, wie viele den Punkt erreicht haben, an dem das Training wirklich Spaß und Freude bereitet, kann ich nicht behaupten, daß die Zahl allzu groß ist. Viele setzen beim Aikidō-Training zu viel Kraft ein, andere trainieren mit Verbissenheit, und einigen fehlt es an Selbstvertrauen, und sie üben sehr zaghaft.

Es ist eine wahre Freude, Aikidōka zu sehen, die ihr Training wirklich genießen. Viele von ihnen praktizieren Aikidō seit fünf oder zehn Jahren, vielleicht auch noch länger. Sie arbeiten nach ihrem eigenen Rhythmus und machen Aikidō zum festen Bestandteil ihres täglichen Lebens. Sie erscheinen im Dōjō, arbeiten, ohne viel Aufhebens davon zu machen, werfen und werden geworfen, befolgen die Anweisungen ohne Kommentar und gehen wieder, wenn das Training vorbei ist. Sie scheinen kein Interesse an höheren Graden zu haben und benehmen sich wie Menschen, die sich amüsieren. Das sind die besten Aikidōka.

Denjenigen, die an unserem allgemeinen Training oder an den intensiven Sommer- und Winterlehrgängen regelmäßig teilnehmen, macht Aikidō ausgesprochen Spaß. Im Hombu Dōjō beginnt das allmorgendliche, allgemeine Training um 6:30 Uhr. Um diese Uhrzeit ist es vom späten Herbst an und den Winter hindurch draußen noch sehr dunkel, und mitten im Winter liegt die Temperatur unter dem Gefrierpunkt. Trotzdem besuchen zwischen 100 und bis zu beinahe 200 Aikidōka regelmäßig das Morgen-Training.

Wenige von ihnen wohnen in der Nähe des Dōjō. Die meisten fahren täglich eine Stunde mit dem Zug bzw. 30 oder 40 Minuten mit dem Auto. Einige kommen aus nahegelegenen Präfekturen und sind mehr als zwei Stunden unterwegs. Einige der jungen Mitglieder kommen mit dem Mofa oder Motorrad, während andere nach ein oder zwei Stunden Joggen ins Dōjō kommen. Dann üben sie alle eine Stunde Aikidō und gehen anschließend in die Schule oder zur Arbeit. Es gibt einige Aikidōka, darunter leitende Angestellte und Geschäftsinhaber, die seit vielen Jahren so verfahren. Ihnen zufolge bedauern sie es nicht, eine Runde Golf zu verpassen, aber es macht ihnen etwas aus, wenn das Aikidō-Training ausfällt. Zu den regelmäßigen Teilnehmern gehören jene, die keinen einzigen Trainingstag verpaßt haben.

Eine gewisse Anzahl von regelmäßigen Teilnehmern besucht jeden Sommer- und Winterlehrgang. Sie trainieren täglich in der hochsommerlichen Hitze und Feuchtigkeit, bei der sie reichlich schwitzen, aber trotzdem intensiv üben. Andererseits erscheinen sie auch jeden Tag mitten im Winter, wenn ein längeres Aufwärmen notwendig ist, nur um sich auf den eisigen Matten bewegen zu können. Für diese Menschen scheint zu gelten: je heißer oder kälter, desto besser.

Vor einigen Jahren schrieb ich einen Artikel für unser Aikidō-Rundschreiben, dessen sinngemäße Zusammenfassung wie folgt lautet:

»Diesen Sommer war die Hitze schrecklich. War das der Grund, warum wir bei unserem Sommerlehrgang einen Zuwachs an Teilnehmern von 20% zu verzeichnen hatten? Anscheinend gibt es im Hombu Dōjō viele abgehärtete Aikidōka mit ausgeprägter Persönlichkeit.

Ich erinnere mich, daß einige Leute während des Winterlehrgangs, als schwere Schneefälle öffentliche Nahverkehrsmittel lahmlegten, um 3:00 Uhr aufgestanden und zu Fuß ins Dōjō gekommen sind. Die Anzahl der anwesenden Aikidōka war fast die gleiche wie beim normalen Training. Unter ihnen waren einige, die nur sporadisch erschienen, an jedem Tag des Winterlehrgangs aber dabei waren.

Einige genießen es wirklich, bei der Hitze zu trainieren und dabei tüchtig zu schwitzen. Andere wiederum trainieren um so aktiver in der Kälte des Winters. Laut gesundem Menschenverstand müßte genau das Gegenteil der Fall sein: normalerweise würde man angenehme Tage heißen Tagen und wärmere Temperaturen Minustemperaturen vorziehen. Diejenigen, die Wärme und Kälte lieber haben, sagen mir, daß es die direkteste Art sei, die Natur zu erleben. Außenstehenden erscheint es vielleicht seltsam, aber ich kann ihr Bestreben verstehen, der Natur näher zu kommen und sie aus erster Hand wahrzunehmen.

Das japanische Wort für Training heißt *keiko*, was wörtlich »nachsinnen, über die Vergangenheit nachdenken« bedeutet. Dieses Wort erscheint im *Kojiki* und soll seinen Ursprung in der Kuan-ying-Biographie im chinesischen *Buch der zweiten Han-Dynastie* haben. Laut der ursprünglichen Bedeutung bekommt das Training eine religiöse Qualität, die aus Respekt vor dem Bewährten der alten Traditionen und aus seiner Beherrschung durch sorgsames Nachsinnen und Wiederholen besteht.

Keiko ist in den japanischen Künsten, einschließlich der Teezeremonie und des Blumensteckens, von zentraler Bedeutung und beweist den Respekt, den die Japaner vor dem Bewährten in alten Traditionen empfinden. Das Training mitten im Sommer und mitten im Winter ist Teil dieser großen Erbschaft. Wenn wir rational dächten, würden wir vielleicht Argumente gegen das Trainieren bei extremer Hitze oder Kälte finden. Aber in dem Fall würden wir gar nichts tun und somit *keiko* vergessen.

À propos rationale Lebensweise: eins der Produkte der modernen Zivilisation ist die Klimaanlage. In Tōkyō sind in diesem Jahr die höchsten Absätze von Klimaanlagen in der Geschichte verzeichnet worden. Die kumulative Wärme der vielen tausend Klimaanlagenmotoren soll jedoch die Lufttemperatur um einige Grad erhöht haben, was zu schwülen und unangenehmen Nächten für die meisten Einwohner geführt hat. Außerdem hat der plötzliche Wechsel von der sengenden Hitze draußen in die Kälte eines klimatisierten Raumes manche Leute krank gemacht. Es ist das Schicksal des modernen Menschen, daß er durch seinen Versuch, Probleme rational zu lösen, viele neue schafft, die nach einer Lösung verlangen.

Es ist natürlich wichtig, rational zu leben, aber

genauso wichtig ist für den Menschen das Bedürfnis, mit der Natur eins zu werden und seinen Körper und Geist durch sie zu reinigen und zu pflegen. Die wahre Bedeutung des frühmorgendlichen Trainings und des Sondertrainings im Sommer und Winter liegt vielleicht darin, den Menschen eine Gelegenheit zu geben, in Kontakt mit sich selbst und der Natur zu treten. Das Trainieren der Kampfkünste, welches das Beste des traditionellen Budō enthält, ist vielleicht ein Weg, wie alle Menschen zur Natur zurückkehren und ihre Wurzeln wiederfinden könnten.«

Es ist gerade jetzt zwingend notwendig, daß wir unser natürliches Selbst und unseren Körper zurückerobern. Wir leben in wechselnden Jahreszeiten, in Wärme und Kälte, und wir erleben wolkenlose und regnerische Tage. Wir Menschen leben hier und jetzt inmitten der Veränderungen der Natur, und darin spiegeln sich unsere Gefühle, Freude und Wut, Glück und Trauer wider. Kämpfen wir gegen die Natur oder ignorieren wir sie, sind wir nicht in der Lage, das Spektrum menschlicher Gefühle richtig zu durchleben. Dies ist Ausdruck der Verfremdung und Entmenschlichung, unter der wir alle leiden. Wir müssen zur Natur zurückkehren, alles so akzeptieren, wie es kommt, und unser natürliches Selbst und unseren Körper zurückgewinnen.

Einen äußerst befriedigenden Aspekt des Aikidō stellen die vielen Aikidōka dar, die sich dieses Problems bewußt sind und die danach streben, ihr natürliches Selbst und ihre Menschlichkeit durch fröhliches Training zurückzugewinnen. Dieses Ziel ist seit Gründung des Aikidō Kernpunkt des Trainings.

Die Absolutheit der Natur: Yin und Yang ergänzen sich gegenseitig

Meister Ueshiba gab seinen Schülern, vor allem jenen, deren Fixierung auf die Form ihre Bewegungen einschränkte, immer wieder folgende Ratschläge:

»Beim Aikidō gibt es keine Formen und keine Schemata. Die Bewegungen des Aikidō sind natürliche Bewegungen. Seine Tiefe ist unergründlich und unerschöpflich.«

Der Sinn dieser Äußerung Meister Ueshibas, die er oft in seinem eigentümlichen, schlichten und *kōan*-ähnlichen Stil machte, ist vielleicht nicht immer nachvollziehbar. Aus der Sicht des Anfängers, der bestrebt ist, die unterschiedlichen Formen und Techniken zu meistern, widerspricht diese Äußerung allem, was ihm beigebracht wird. Wenn Aikidō keine Formen oder Schemata kennt, wozu soll man dann die unterschiedlichen Techniken lernen? Und was heißt ›natürliche Bewegungen‹? Ist es egal, wie man sich bewegt?

Erstens muß man beachten, daß Meister Ueshibas Bemerkung nicht für Anfänger, sondern für Fortgeschrittene bestimmt ist. Sie stellt einen Ratschlag für jene dar, die ein gewisses Leistungsniveau erreicht haben, die jedoch immer noch so an der Form festhalten, daß ihnen die natürlichen, fließenden Bewegungen fehlen, die den höchsten Ausdruck des Aikidō kennzeichnen. Im Grunde genommen beabsichtigte Meister Ueshiba mit seinen Worten, fortgeschrittene Aikidōka zu ermutigen, härter zu arbeiten, bis sie das Ziel des Aikidō erreichen. Ein klassisches japanisches

Sprichwort lautet: »Trete durch die Form ein, und trete aus der Form heraus.« Sowohl im Geidō (WEG der Künste) als auch im Budō (WEG der Kampfkünste) sollte man die Form trainieren und meistern. Wenn man sie aber gemeistert hat, sollte man sich von ihr befreien. Für diejenigen, die noch einen langen Weg vor sich haben, bis sie die Form beherrschen, ist es nicht verwunderlich, wenn Meister Ueshibas Worte auf sie verwirrend wirken.

Vollkommenes Verstehen dieser Äußerung muß denen vorbehalten bleiben, die Aikidō jahrelang gewissenhaft trainiert und geübt, die Prinzipien und Bewegungen gemeistert und über die Philosophie des Budō intensiv nachgedacht haben. Dies erfordert sowohl theoretisches als auch praktisches Wissen über die Grundlehre des Aikidō. Dazu zählen die Einheit zwischen dem Ki des Universums und dem Ki des Individuums, das Prinzip des Eintretens (*irimi*) und der kreisförmigen Drehung (*enten*) in Verbindung mit der Ki/Geist/Körper-Einheit und der körperliche Ausdruck des Prinzips der Schwertkunst.

Vielleicht ist die Bedeutung des Ausdrucks ›natürliche Bewegungen‹ am schwierigsten zu begreifen. Es ist solch ein alltäglicher Ausdruck, und alle von uns meinen, etwas darunter verstehen zu können, egal wie unbestimmt dieses Etwas auch sein mag. Aber ehrlich gesagt, wieviele Menschen kennen wir, die wirklich ›natürlich‹ leben? Je mehr man über die Bedeutung des Wortes ›natürlich‹ nachdenkt, desto schwieriger wird es, sie zu erklären.

Wie sollte der Aikidōka den Ausdruck ›natürliche Bewegungen‹ und ihr Verhältnis zu den Bewegungen seiner Kunst interpretieren? Was ist der Code zur Entschlüsselung ihrer Bedeutung, und wo können wir ansetzen? Um mit der Schlußfolgerung anzufangen, glaube ich, daß es heißt, das Wirken der Natur, welches das Universum durchdringt und unsere Körper und unsere Leben beeinflußt, auf präzise und direkte Art und Weise in uns selbst zu begreifen.

Unabhängig von unserer Lebenseinstellung ist es äußerst wichtig, daß wir die Veränderungen der Naturphänomene – Atmosphäre, Wetter und Umwelt – unmittelbar spüren und offen wahrnehmen. Dabei müssen wir der Natur unsere Sinne und Körper öffnen und sie aufeinander wirken lassen. Wir dürfen die Natur weder zwingen, sich unseren Erwartungen anzupassen, noch bestimmte Aspekte von ihr auswählen und absondern, oder sie zu unseren eigenen Zwecken ausnutzen. Wir müssen die Naturphänomene so sehen, wie sie sind und Einsicht in die wahre Natur der Realität bekommen.

Ein konkretes Beispiel hierfür ist die Teilnahme von Aikidōka an den Sommer- und Winterlehrgängen. Sie akzeptieren die Witterungsverhältnisse, so wie sie sie vorfinden und genießen heiße und kalte Tage gleichermaßen. Wenn die Menschen Wärme und Kälte durch ihren Körper erleben, lernen sie, wie sie damit umzugehen haben und stellen fest, was sie unter unangenehmen und schweren Bedingungen zu leisten vermögen. Diese Vertrautheit mit der Natur und dem eigenen Körper ist der erste Schritt zur Meisterung der Abläufe der Natur.

Es ist eine altbekannte Tatsache, daß das Wetter unsere Psyche beeinflußt. An einem hellen, sonnigen

Tag ist unser Geist klar, unser Körper leicht. Unsere Stimmung drückt Ruhe und Heiterkeit aus. An bewölkten, regnerischen Tagen erleben wir im allgemeinen ein Tief, und unser Körper ist träge. Die Atmosphäre ist schwermütig. An trüben Tagen sind Geist und Körper aus dem Gleichgewicht, und wenn der Wind bläst, tut uns eine leichte Brise gut, während ein Taifun Unruhe verursacht. Selbst auf der Ebene solcher alltäglichen Ereignisse sehen wir das enge Verhältnis zwischen Mensch und Natur. Bei noch dramatischeren jahreszeitlichen Veränderungen sind nicht nur die Temperatur und die Luftfeuchtigkeit betroffen. Auch der Lebenszyklus der Vegetation und der Tiere wird drastischen Veränderungen unterworfen. Pflanzen treiben Knospen, Blumen blühen, Blätter wachsen, Früchte reifen, um dann unweigerlich zu verdorren und zu sterben. Solche Veränderungen haben subtile Auswirkungen auf den menschlichen Körper und Geist. Es ist allgemein bekannt, daß die wechselnden Gezeiten das Meeresleben bestimmen und daß sie einen unterschwelligen Einfluß auf das Gemüt und das Verhalten der Menschen ausüben. Vulkanausbrüche und Erdbeben verändern das Leben auf der Erde auf entscheidende Art und Weise, und dies wiederum beeinflußt früher oder später auch das menschliche Leben. Das ganze Leben besteht aus einem riesigen Netz von gegenseitigen Beziehungen und Abhängigkeiten.

Wenn wir uns voll bewußt werden, wie die Naturphänomene und deren Veränderungen die Menschen beeinflussen, wissen wir auch, daß sie mit unserer eigenen Auffassung vom Sinn des Lebens irgendwie verbunden sind. Und wenn wir außerdem das menschliche Leben immer mehr verstehen und schätzen lernen, nähern wir uns dem Ziel eines Lebens im Einklang mit der Natur und dem Universum. Auf diese Weise werden wir eins mit den Naturprozessen, ohne unsere Individualität oder Selbstwahrnehmung zu verlieren. Wenn dieses Stadium erreicht ist, erscheinen natürliche Bewegungen spontan im Rhythmus mit dem Universum. Darin besteht unser Verständnis dessen, was natürlich ist. Beim Aikidō drückt es sich als Budō aus, das auf dem aktiven Erlebnis von Ki beruht. Hierin liegt die Bedeutung der Äußerung: »Die Bewegungen des Aikidō sind natürliche Bewegungen.«

Die wichtigste Quelle natürlicher Bewegungen ist *kokyū-ryoku*, die Atemkraft. Wenn die Atemkraft spontan fließt, werden die Bewegungen eines Menschen automatisch natürlich. Strömt die Atemkraft jedoch nicht frei und stockt der Fluß, werden die Bewegungen ungeschickt und unnatürlich. Die Atmung bei *kokyū-ryoku* schließt das normale Atmen ein, beinhaltet jedoch mehr als nur das gewöhnliche Ein- und Ausatmen, da es das Wirken des Ki mit einschließt.

Aus physiologischer Sicht ist das normale Atmen eine Funktion des Atmungssystems, das sich auf die Lungen und das Herz konzentriert und die Nase, den Mund sowie die Hautporen mit einbezieht. Das menschliche Atmungssystem stellt den konkretesten Ausdruck dessen dar, was wir Leben nennen, und das Leben selbst ist von den kosmischen Prozessen untrennbar. Folglich ist es mit den zyklischen Änderungen in der Natur wie z.B. Tag und Nacht, den vier

Jahreszeiten, Ebbe und Flut und anderen Phänomenen eng verbunden. *Kokyū-ryoku* steht in enger Verbindung mit der inhärenten Energie der Naturkräfte und äußert sich durch das Ki des Universums. Die grundlegendste und konkreteste Ausdrucksform von *kokyū-ryoku* in den Bewegungen der Natur stellen – wie schon vorher erwähnt – das Eintreten (*irimi*) und die kreisförmige Drehung (*enten*) dar.

Unter den vielen natürlichen Bewegungen beim Aikidō gibt es die Handgelenktechnik, die als *kote-gaeshi* bekannt ist. Bei dieser Technik wird das Handgelenk langsam in die Richtung gedreht, in die es sich normalerweise dreht, im Gegensatz zu den Handgelenkhebeln beim Jūdō und Jūjutsu, bei denen das Handgelenk in die entgegengesetzte Richtung gedreht wird. Unnatürliches, erzwungenes Drehen birgt Verletzungsgefahr. Beim Aikidō werden nie Bewegungen ausgeführt, die sich gegen das Natürliche richten, wodurch unnötige und sinnlose Verletzungen vermieden werden.

Die Mehrzahl der Aikidō-Techniken besitzen eine als *omote* und eine als *ura* bekannte Ausführung (wörtlich »Vorderseite« bzw. »Rückseite«). Obwohl es je nach Technik Unterschiede gibt, besteht das Grundprinzip zum Beispiel darin, bei der Abwehr eines direkten Frontalangriffs (*shōmen-uchi*) entweder geradewegs in den vom Gegner eingenommenen Raum einzutreten oder sich zu drehen und in den toten Winkel hinter dem Gegner einzutreten, um eine Technik auszuführen. Die erstere ist eine *omote*- und die letztere eine *ura*-Ausführung.

Diese beiden Abwehrbewegungen, die im klassischen Budō zu finden sind, beruhen auf dem uralten Prinzip von Yin und Yang, und Aikidō setzt dieses Prinzip in vielen seiner Techniken ein. Führen wir nun jeweils ein Beispiel aus dem Jūjutsu und der Schwertkunst an, um den Einsatz von Yin und Yang in den Kampfkünsten zu verdeutlichen. Doch zunächst die Definition dieser Begriffe nach einem Text der Kitō-Schule des Jūjutsu:

»Kitō bedeutet Aufstehen und Fallen. Das Aufstehen ist die Eigenschaft des Yang und das Fallen die Eigenschaft des Yin. Man siegt durch Einsatz von Yang, und man siegt durch Einsatz von Yin.«

Dies wird in dem als *Densho Chūshaku* bekannten Kommentar wie folgt erläutert:

»Wenn der Gegner Yin verkörpert, siege durch Yang. Wenn der Gegner Yang verkörpert, siege durch Yin. Die in der Kitō-Schule gelehrten Techniken beschränken sich auf den Einsatz von Yin und Yang. Obwohl unzählige andere Mittel zur Abwehr der Bewegungen des Feindes eingesetzt werden, lenken sie in einer Kampfsituation ab. Indem man sich auf die Techniken des Yin und des Yang beschränkt, ist der Sieg gesichert.«

Laut dieser Erklärung bedeutet Strategie nichts anderes als die Fähigkeit, sich – je nachdem, wie sich der Feind bewegt – des Yin und des Yang, des Angriffs und der Verteidigung zu bedienen. Mit anderen Worten begegnet man des Feindes Yin mit Yang und des Feindes Yang mit Yin.

Bei der alten Schwertkunst wurde das Prinzip des Yin und des Yang auf die Körperhaltung beim Halten des Schwertes übertragen, wie in einem als *Ittō-ryū*

Kikigaki (»Notizen über die Ittō-Schwertkunstschule«) bekannten Text zu lesen ist:

»In der Naganuma-Jikishinkage-Schule wird gelehrt, das Schwert hoch zu halten, da dies die Form des Yang innerhalb des Yang darstellt. In der Ittō-Schule lehren wir, das Schwert tief zu halten, was auf der Form des Yin basiert. Wenn das Yang innerhalb des Yang eingesetzt wird, verwandelt es sich in Yin. Wenn wir unser Yin des Yin einsetzen, wird es zu Yang und ist erfolgreich. In der Munen-Schule beschreiten sie den Mittelweg zwischen Yin und Yang und lehren, das Schwert vorn, mit der Spitze auf die Augen des Gegners gerichtet zu halten, dann aber die Hände ein wenig nach rechts zu drehen.«

Die verschiedenen Schulen des Budō interpretieren Yin und Yang auf unterschiedliche Weise. Aber die Interpretationen entstammen alle den grundlegenden philosophischen Ideen der klassischen chinesischen Denker. Zum Zwecke der Zusammenfassung zitieren wir einen Abschnitt aus dem *I-Ching* (Buch der Wandlungen):

»Die Heiligen vor alters machten das Buch der Wandlungen also: Sie wollten den Ordnungen des inneren Gesetzes und des Schicksals nachgehen. Darum stellten sie den SINN* des Himmels fest und nannten ihn: das Dunkle* und das Lichte*. Sie stellten den

(*Anm. d. Übers.: Dieser Abschnitt – aus dem *Schuo Gua*, Besprechung der Zeichen – stammt aus der Übersetzung des »I Ging« von Richard Wilhelm, Eugen Diederichs Verlag. Hier spricht Wilhelm von »SINN«, während das chinesische Schriftzeichen *tao* und das japanische Schriftzeichen *dō* ein und dasselbe sind und als »der WEG« übersetzt werden könnte. Außerdem übersetzt er »Yin« und »Yang« mit »das Dunkle« und »das Lichte«.)

SINN der Erde fest und nannten ihn: das Weiche und das Feste. Sie stellten den SINN des Menschen fest und nannten ihn: Die Liebe und die Gerechtigkeit. Diese drei Grundkräfte nahmen sie zusammen und verdoppelten sie. Darum bilden im Buch der Wandlungen immer sechs Linien ein Zeichen.«

Also besteht das Universum aus den drei Kräften – dem Himmel, der Erde und dem Menschen –, und diese manifestieren sich in der Form jenes WEGES, der sich im Leben durch die Relativität des Yin und des Yang, des Weichen und des Festen, der Liebe und der Gerechtigkeit bemerkbar macht. Mit anderen Worten, wenn wir völlig begreifen, wie diese Relativität funktioniert und wir mit ihr im Einklang leben, werden wir eins mit dem WEG. Yin und Yang in unseren Handlungen zum Ausdruck zu bringen, bedeutet, mit dem WEG eins zu sein.

Das Prinzip des Yin und des Yang hat *per se* eine Bedeutung. Aber letztendlich ist es nur durch Übung und Erkenntnis, daß dieses Prinzip es uns ermöglicht, die höchste Realität des WEGES zu erlangen. Beim Aikidō finden Yin und Yang in den *omote*- und *ura*-Bewegungen ihren konkreten Ausdruck. Jedoch gilt nach wie vor die Tatsache, daß der WEG und somit die höchste Wahrheit durch das Trainieren erlangt wird. Da dies im Einklang mit dem WEG des Himmels geschieht, sind diese Aikidō-Bewegungen nichts anderes als natürliche Bewegungen.

Meister Ueshibas hohe Ziele als Erbschaft

Die Entstehung des Namens »Aikidō«

Die offizielle Bezeichnung »Aikidō« geht auf den Februar 1942 zurück. Bis dahin war die Kunst unter verschiedenen Namen bekannt, obwohl der Inhalt gleich blieb. Eine detaillierte Beschreibung der Geschichte des Aikidō ist in der Biographie Meister Ueshibas, welche ich auf japanisch verfaßt habe (*Aikidō kaiso, Ueshiba Morihei den*, Tōkyō: Kodansha, 1977) nachzulesen. Es folgt nun ein geschichtlicher Überblick über die Entwicklung des Namens und dessen verschiedene Veränderungen.

Der Vater Meister Ueshibas, Yoroku, war ein relativ wohlhabender Grundbesitzer, der auch Fischerei und Forstwirtschaft betrieb. Er wurde von den Menschen in seiner Gemeinschaft respektiert und bekleidete das Amt eines Dorf- und Stadtrates in Nishinotani und Tanabe in der Präfektur Wakayama. Der junge Ueshiba verehrte seinen Vater. Dieser wiederum sah in seinem Sohn ein großartiges Potential, ein außergewöhnliches Talent und eine dynamische Ausstrahlungskraft. Daher gab er ihm volle materielle und moralische Unterstützung, damit er über seinen Geburtsort hinaus als führende Persönlichkeit des Landes aktiv werden konnte. Der Sohn war jedoch der Meinung, daß es ihm nicht gelungen sei, die Erwartungen seines Vaters vor dessen Tode zu erfüllen. Im Jahre 1901 ging Meister Ueshiba im Alter von 18 Jahren nach Tōkyō, wo er eine kurze Lehre in der Geschäftswelt absolvierte. Im darauffolgenden Jahr eröffnete er »Ueshibas Laden« für den Versand und Verkauf von Schulmaterial und Schreibwaren. Meister

Ueshiba wurde jedoch krank, und sein kleines Geschäft ging pleite.

Kurze Zeit danach ging er zur Kaiserlich Japanischen Armee und kämpfte im Russisch-Japanischen Krieg (1904-1905). Er erreichte den Rang eines Feldwebels und wurde ehrenhaft entlassen. Dann im Jahre 1912, als er 29 Jahre alt war, konnte er in seiner Heimatstadt 54 Familien mit über 80 Menschen gewinnen, um mit ihnen in Shirataki auf Hokkaidō eine neue Siedlung zu gründen. Shirataki war zu jener Zeit ein neu erschlossenes Gebiet und begrüßte den Zuzug von Siedlern, die das Land bearbeiten würden. Sieben Jahre lang leitete er diese neue Kolonie, bewirtschaftete das Land, gehörte dem Gemeinderat an und trug zur Entwicklung der Shirataki-Region bei.

Obgleich er Führungstalent bewies, war er nach wie vor der Meinung, daß er die großen Hoffnungen, die sein Vater in ihn setzte, nicht verwirklicht hatte. Als der Vater im Januar 1920 nach Krankheit starb, war dies ein großer Schock für ihn. Alles in Hokkaidō hinter sich lassend, kehrte er nach Hause zurück. Er stürzte jedoch in tiefe seelische Verzweiflung. Daraufhin suchte er Rat bei Deguchi Ōnisaburō, dem charismatischen religiösen Führer der vom Shintōismus abgeleiteten Ōmoto-Sekte. Mit der Unterstützung dieses großen Lehrers wohnte Meister Ueshiba im Hauptquartier der Ōmoto-Sekte in Ayabe, Präfektur Kyōto, praktizierte shintōistische Meditiations- und Reinigungsriten und trug zur Stärkung dieser neuen Religion bei.

Die acht Jahre in Ayabe (bis zum Umzug nach Tōkyō im Jahre 1927) waren entscheidende Jahre in

Meister Ueshibas spiritueller Entwicklung. Während dieser Zeit studierte er die Philosophie des Shintōismus und wurde Meister im *koto-dama* (wörtlich »Wort-Geist«).

Nach dem Tode seines Vaters und während des Aufenthaltes in Ayabe widmete sich Meister Ueshiba ausschließlich dem Budō. Hierzu wurde er hauptsächlich von Deguchi ermutigt. Schon vor dieser Zeit hatte er in mehreren Kampfkünsten trainiert und diese gemeistert, einschließlich der Schwertkunst der Shinkage-Schule, Jūjutsu der Kitō- und Daitō-Schulen u.a. Seine beachtlichste Leistung war, daß ihm das höchste Zertifikat der Daitō-Schule von Meister Takeda Sōkaku verliehen wurde, dem er im Jahre 1915 als 32jähriger in einer Herberge auf Hokkaidō zufällig begegnet war. Es war dieses Jūjutsu, das Meister Ueshiba die Augen für die tiefe Bedeutung der Kampfkünste öffnete. Die Prinzipien der Daitō-Schule unterscheiden sich von denen des Aikidō, doch viele Techniken verwenden sie gemeinsam.

Der Grund, warum Deguchi Meister Ueshiba anregte, sich auf die Kampfkünste zu konzentrieren, hing damit zusammen, daß er von dessen reicher und vielfältiger Erfahrung im Budō wußte und erkannt hatte, daß dieser Weg in Hinblick auf Meister Ueshibas Temperament, Fähigkeiten und Bestrebungen für ihn der geeignetste Weg war. Er riet Meister Ueshiba, einen Teil seines Hauses in Ayabe abzutrennen und in ein Dōjō umzuwandeln. Diesen Rat nahm sich Meister Ueshiba zu Herzen und eröffnete das bescheidene 18 Tatami große »Ueshiba Juku«.

Ursprünglich war das »Ueshiba Juku« für die

jungen Männer aus der Ōmoto-Schule gedacht, aber als der Name Ueshiba Morihei, »Der Budō-Meister von Ayabe«, immer bekannter wurde, begannen auch Fremde ins Dōjō einzutreten. Die prominentesten unter ihnen waren junge Marineoffiziere aus dem nahegelegenen Hafen von Maizuru. Meister Ueshiba wurde immer berühmter, und Schüler begannen, aus Tōkyō und anderen weit entfernten Orten Japans anzureisen.

Seit ungefähr 1920 erwog Meister Ueshiba ernsthaft, seine eigene unabhängige Budōart ins Leben zu rufen. Im Jahre 1922 gab er *Aiki-bujutsu* als neue Kampfkunstform bekannt. Wie der Begriff *bujutsu* beinhaltet, behält es die Prinzipien und Techniken älterer Kampfkünste bei, die sich jedoch vom heutigen Aikidō etwas unterscheiden. Meister Ueshibas Originalität läßt sich im Gebrauch des Wortes *aiki* als spezifischen Begriff erkennen. In verschiedenen Überlieferungen zum Thema Budō gibt es vereinzelt Hinweise auf die Idee der »Harmonisierung« (*ai*) des Ki mit dem Gegner im Kampf. Dies war jedoch das erste Mal, daß das zusammengesetzte Wort in dieser Form benutzt wurde. Das Wort *aiki-jutsu* wird auch erwähnt, aber dieses hatte eine psychologische Bedeutung und war kein wesentlicher Bestandteil einer Kampfkunst. In Büchern neueren Datums werden einige Bemerkungen zu einer frühen, modernen Form des *ki-aijutsu* gemacht, welches beim einfachen Volk beliebt war. Dies war aber ein psychologisches System und hatte mit dem Budō an sich nichts zu tun.

Während die Wahl des neuen Begriffs *aiki* eventuell zum Teil auf den Einfluß der Kitō- und Daitō-Schulen zurückzuführen war – beide basieren auf dem

Prinzip des Yin und Yang sowie des Einsatzes von Ki –, war die Hauptquelle eher Meister Ueshibas eigenes Training im Budō, seine Lebenserfahrung und die Erkenntnisse über Ki, die er während seines Aufenthaltes in Ayabe gewonnen hatte. Der wichtigste Einfluß war die Beherrschung des *koto-dama*, auf das er in seinen späteren Jahren in Vorträgen, Schriften sowie im Unterricht ständig hingewiesen hat.

Aiki-bujutsu scheint nicht sofort akzeptiert worden zu sein. Stattdessen nannte man die neue Budōart *Ueshiba-ryū* oder *Ueshiba-ryū aiki-bujutsu*. Dennoch zog Meister Ueshibas Ruhm im ganzen Land immer weitere Kreise. Der Wendepunkt kam in den Jahren 1924-1925, als er, wie bereits erwähnt, eine Expedition in die Innere Mongolei unternahm. Bald nach seiner Rückkehr, als er, von einem jungen Marineoffizier in Ayabe zum Zweikampf aufgefordert, *sumi-kiri*, die Klarheit des Geistes und des Körpers, erlebte, erkannte er die Einheit des Ki des Universums mit dem Ki des Individuums. Meister Ueshiba war Anfang vierzig, und dieses Erlebnis wurde zum Grundstein seiner Kampfkunst.

Wir können also sagen, daß 1924-1925 den Anfang der spirituellen Entwicklung des Aikidō kennzeichnet. Ab diesem Zeitpunkt unterstrich Meister Ueshiba ständig, daß »das wahre Budō der WEG großer Harmonie und großer Liebe für alle Lebewesen bedeutet«, und daß sich die Ki/Geist/Körper-Einheit in jeder Bewegung auswirke.

Nach wiederholtem Ersuchen seines Mäzens und Förderers Admiral Takeshita Isamu reiste Meister Ueshiba im Herbst 1925 nach Tōkyō, um vor Zuschauern von hohem Rang eine Vorführung zu geben. Unter den Zuschauern befand sich der ehemalige Premierminister Graf Yamamoto Gonnohyōe. Dieser war von Meister Ueshibas Vorführung äußerst beeindruckt und beauftragte ihn mit einem 21tägigen Sonderseminar für Aiki-bujutsu im Kaiserlichen Palast in Aoyama für hochgraduierte Jūdōka und Kendōka des Kaiserlichen Hofes. Im Frühjahr 1926 wurde er von Admiral Takeshita erneut nach Tōkyō eingeladen. Er unterrichtete Mitglieder des Kaiserlichen Hofes, Armee- und Marineoffiziere sowie führende Persönlichkeiten aus Politik und Wirtschaft in Aiki-bujutsu. Im Jahre 1927 verließ Meister Ueshiba auf Drängen von Admiral Takeshita und Deguchi Ōnisaburō Ayabe für immer und zog nach Tōkyō.

Während der nächsten drei Jahre gründete Meister Ueshiba eine Reihe von Dōjō im Shiba-Viertel von Tōkyō und unterrichtete viele Menschen in Aiki-bujutsu, einschließlich namhafter Budōka anderer Kampfkunstrichtungen. Es gab Anzeichen dafür, daß man im Budō von Meister Ueshiba etwas mehr als die traditionellen Kampfkünste erkannte. Und einige Menschen begannen, es mit dem Begriff »Aikidō« zu beschreiben. Im Oktober 1930 sah Kanō Jigorō, Gründer des Kōdōkan Jūdō, die hervorragende Kunst Meister Ueshibas, lobte sie als das ideale Budō und schickte sogar einige seiner besten Schüler zu ihm.

Trotz der Versuche, selektiv zu sein, wuchs die Anzahl der Schüler immer weiter, und Meister Ueshiba mußte für ein größeres Dōjō sorgen. 1930 gründete er ein neues Dōjō in Wakamatsu-chō, Tōkyō, wobei er das Grundstück am Anfang von der Familie Ogasawara mietete und später kaufte. Die neue Trainingshalle, die *Kōbukan** *Dōjō* hieß, wurde im April 1931 fertiggestellt. Wie schon vorher erwähnt, steht jetzt das Hombu Dōjō auf dem gleichen Gelände.

1936 glaubte Meister Ueshiba, daß die Zeit gekommen sei, den Unterschied zwischen den alten Kampfkünsten und seiner eigenen klar herauszustellen, nämlich die philosophische und spirituelle Betonung, die er seiner eigenen Kunst gegeben hatte. Da er fühlte, daß das Wesen seiner neuen Kunst etwas anderes war als die alte Tradition der Kampfkünste, ließ er den Begriff *bujutsu* fallen und benannte seine Kunst in *Aiki-budō* um. Dieser notwendige und unvermeidliche Schritt legte den Grundstein für die Zukunft seiner Schule. Als Gründer einer neuen Kampfkunst verspürte er die große Verantwortung, seine persönliche Suche unterzuordnen und den WEG für alle, die sich dafür interessieren könnten, zu erweitern.

Im Jahre 1939 stellte er einen offiziellen Antrag auf Anerkennung seiner Organisation als Stiftung unter dem Namen *Kōbukai* (Kaiserlicher Kampfkunst-Verein). Die Annahme des Antrags im Jahre darauf machte *Aikidō* zu einer offiziell eingetragenen Körperschaft und kennzeichnete den Anfang des Goldenen Zeitalters des Aikidō. Die Mitgliedschaften nahmen zu, und der Name Meister Ueshibas wurde bekannter als je zuvor.

Der Ausbruch des Pazifischen Krieges im Dezember 1941 und zunehmende militaristische Tendenzen in der japanischen Gesellschaft haben die Entwicklung

*Anm. d. Übers.: *kō* heißt »kaiserlich«, *bu* »Kampfkunst« und *kan* »Gebäude«.

des Aikidō zwangsläufig behindert. Da die Mehrzahl der jungen Männer zu den Streitkräften eingezogen wurde, schrumpfte die Anzahl der Aikidō-Schüler merklich. Eine Maßnahme der Regierung zur Mobilisierung des Landes für die Kriegsanstrengungen war der Befehl, die unterschiedlichen Kampfkunstgruppierungen zu einer einzigen Organisation unter ihrer Kontrolle zu vereinen. 1942 schlossen sich verschiedene Richtungen des Jūdō, des Kendō und anderer Kampfkünste zu dem »Dai-nippon Butoku-kai« (Verband der Kampfkunsttugenden Großjapans) zusammen.

Obwohl Meister Ueshiba seine Einwände gegen diese Regierungsanordnung nicht kundtat, schien er ohne Zweifel unglücklich darüber zu sein, daß die von ihm entwickelte Budōart, die sich klar von den anderen Budōarten unterschied, gezwungen werden sollte, Teil einer solchen Organisation zu werden. Er wehrte sich entschieden dagegen, daß seine Kunst mit anderen Gruppen als bloße andere Kampfkunstform zusammengeschlossen werden sollte und kam mit der Zeit zu dem Schluß, der Name »Kōbukan Aiki-budō« erwecke den Eindruck, daß es sich hier lediglich um die Kōbukan-Variante oder -Stilrichtung einer breiteren Kampfkunst handele. Er beschloß, den neuen Namen »Aikidō« zu verkünden, um seine Kunst als eine einmalige und besondere Form des Budō zu identifizieren. Dann trat er unter dem neuen Namen dem Verband bei. Im Februar 1942 wurde »Aikidō« als Name von Meister Ueshibas Schule offiziell anerkannt. Zweiundzwanzig Jahre waren seit der Geburt des »Ueshiba Juku« in Ayabe vergangen.

Der Aiki-Schrein in Iwama

Um die Verkündung des Namens »Aikidō« voll begreifen und einige der Beweggründe – einschließlich der Veränderungen in Meister Ueshibas Ansichten – verstehen zu können, müssen wir uns mit der Errichtung des Aiki-Schreins in Iwama, Präfektur Ibaraki, nordöstlich von Tōkyō, befassen. Dieser Ort, der von allen Aikidōka verehrt wird, ist für den Neubeginn nach dem Zweiten Weltkrieg von besonderer Bedeutung.

Die Idee zur Gründung eines spirituellen Zentrums für Aikidō kam Meister Ueshiba um 1935. Sie entsprang einem tief empfundenen Bedürfnis, mit der Suche nach der Wahrheit des Universums durch Budō fortzufahren, und zu diesem Zweck einen besonderen Ort zu haben. Nachdem er in Tōkyō ein stabiles Fundament für Aikidō gelegt hatte, ging sein reiner Wunsch, das wahre Budō in der Welt zu verbreiten, langsam in Erfüllung. Er erfreute sich an den Erfolgen, die er erzielt hatte. Gleichzeitig genügte ihm dies allein nicht. In der Tat schien er den Einbruch in seine Privatsphäre und den Zeitmangel, der durch seinen Ruhm entstand, zu bedauern. Meister Ueshiba legte gegenüber den normalen Zielen menschlichen Verlangens – Status, Ehre und Ruhm, Reichtum und materiellem Komfort – eine völlige Gleichgültigkeit an den Tag. Sein einziges Interesse galt dem Trainieren des Geistes durch die Disziplin des Budō.

Um das Jahr 1935 benutzte Meister Ueshiba seine bescheidenen Ersparnisse dazu, mit dem Erwerb von Waldgebiet auf dem Lande um Iwama zu beginnen.

Seine Expedition nach Hokkaidō, um Shirataki zu kolonisieren, hatte gezeigt, daß ihm Landarbeit im Blut lag, und er beabsichtigte, das Land zu bearbeiten und die Suche nach einem spirituellen Budō wieder aufzunehmen. Jedoch ließ sich sein Wunsch, zur Arbeit auf dem Lande zurückzukehren, nicht so leicht verwirklichen, denn als berühmter Kampfkunstexperte wurde er immer wieder überall hin eingeladen, und sein enger Terminplan ließ ihm keine Zeit, seine innersten Interessen zu verfolgen.

Der Versuch, während des Krieges alle Formen der Kampfkünste einer einzigen Dachorganisation unterzuordnen, stellte eine einmalige Gelegenheit für Meister Ueshibas Entscheidung dar. Da die Umstände es schier unmöglich machten, die normalen Aikidō-Aktivitäten fortzusetzen, wurde Meister Ueshiba nicht mehr gebraucht, um über die Verbreitung seiner Kunst zu wachen. Mit zunehmender Verfinsterung des Kriegshimmels nahm die Anzahl seiner Schüler und der Einladungen, Aikidō vorzuführen, ab. Zweifelsohne spürte er, daß dies der ideale Zeitpunkt für ihn war, eine Entscheidung über seine Zukunft zu treffen. Der Befehl, als Teil der Kriegsanstrengungen dem Dainippon Butoku-kai beizutreten, war der Tropfen, der das Faß zum Überlaufen brachte. Nun war also für Meister Ueshiba die Zeit gekommen, die Gründung des Aikidō bekannt zu geben, und er traf schließlich seine Entscheidung, sich nach Iwama zurückzuziehen, wo er sich auf seinen eigenen Weg konzentrieren konnte.

Meister Ueshiba war im wahren Sinne Patriot, indem er glaubte, daß man bereit sein sollte, sein Leben für sein Land zu opfern, und protestierte daher nicht gegen die nationale Kriegspolitik. Er war jedoch nicht damit einverstanden, daß alle Formen des Budō der Regierungszuständigkeit unterstellt werden sollten. Seines Erachtens hatte die Direktive mit Vaterlandsliebe wenig zu tun. Darüber hinaus artete die neue Organisation in immer mehr Schreibarbeit und in der Teilnahme an Sitzungen aus. Diese Aktivitäten widersprachen seinem Wunsch, seine Suche nach dem Budō fortzusetzen.

Mit absolutem Desinteresse pflegte er zu sagen: »Schreibarbeit liegt mir nicht. Für mich zählt nur das Üben des Aikidō.« Und mit diesen Worten schickte er einen seiner *uchideshi*, Hirai Minoru, um Aikidō bei den Sitzungen zu vertreten. Ich war noch Schüler an der Waseda Sekundarschule, aber er ernannte mich zum Haupttrainer des Dōjō in Tōkyō und bat seine fortgeschrittensten Schüler, so z.B. Osawa Kisaburō, der jetzige Haupttrainer, mir dabei zu helfen. Dann zog er mit meiner Mutter, Hatsu, von Tōkyō nach Iwama. Dies geschah auf eine für Meister Ueshiba typische Art und Weise, der immer unverzüglich das, was er beschlossen hatte, in die Tat umsetzte.

Iwama, das damals dünn besiedelt war, liegt nahe bei Mito, einem Mittelpunkt der Gelehrsamkeit und der Künste während der Tokugawa-Periode. Die wenigen Bauernhöfe lagen verstreut, und das ganze Gebiet war zu 90% mit Kiefern, Obstbäumen und Hainen anderer Baumsorten bedeckt. Meister Ueshiba rodete ungefähr 20.000 *tsubo* (6,62 Hektar) des Grundbesitzes, den er über die Jahre erworben hatte, und fing an, das Land zu bebauen. Dies war die Erfüllung seines lang gehegten Traumes, Landwirtschaft mit den Kampfkünsten zu vereinen. Das kleine, umgebaute Bauernhaus, in dem er wohnte, hatte nur zwei kleine Räume und eine Ecke mit einem Lehmboden. Besucher waren über die Schäbigkeit dieser kleinen Hütte schockiert, aber Meister Ueshiba war frohen Mutes.

Mit der Niederlassung in Iwama plante Meister Ueshiba die Verwirklichung seines Ideals des wahren Budō in drei Punkten: erstens sollte ein Aiki-Schrein eingerichtet werden, der den Weg des *aiki* und den Geist des Aikidō symbolisieren sollte. Als nächstes sollte ein überdachtes Dōjō im Freien gebaut werden, das mit dem Ki der Natur durchdrungen war und wo das ideale Budō des *take-musu* gelehrt werden konnte. Drittens wollte er seinen lang gehegten Traum von einer Vereinigung der Landwirtschaft mit den Kampfkünsten realisieren. Er trachtete danach, den Bezug zwischen dem Training im Budō (*take*), das mit der schöpferischen Lebenskraft (*musu*) harmoniert, und der Arbeit des Bauern herzustellen, durch die die Erde lebenserhaltende Nahrung produziert.

Der Aiki-Schrein war mit dem Ziel konzipiert, sowohl den 43 Göttern zu huldigen, die Aikidō schützen und ihm fruchtbare Kraft verleihen, als auch das heilige Zentrum für alle Aikidōka zu sein, die geloben, sich zugunsten aller Menschen für den WEG einzusetzen. Mit den 43 Göttern sind die Gottheiten der Kampfkünste, die Drachenkönige sowie die Inkarnationen gemeint, die im traditionellen japanischen Sagengut glorifiziert werden. Meister Ueshiba glaubte fest daran, daß sein meisterliches Können im Budō nicht von ihm selbst, sondern von den Göttern kam, die ihn beschützten und seine Fähigkeiten pflegten. Dies war sein tiefster Glaube. Aber noch wichtiger ist die Tatsache, daß dies von seiner Demut und Selbstdisziplin zeugt. Dadurch, daß er sich einer höheren Macht anvertraute, wurde er wegen seiner besonderen Leistungen nie überheblich. Diese Demut, der Inbegriff seiner Aufrichtigkeit und seiner Hingabe an das Trainieren, müssen sich alle Aikidōka zu Herzen nehmen.

Der Grundriß des Aiki-Schreins basiert auf den Prinzipien des *koto-dama* (Wort-Geist). Die Lage des inneren Heiligtums, der Kulthalle, des Eingangstors usw. entspricht den drei Prinzipien des Dreiecks, des Kreises und des Vierecks. Diese drei Zeichen symbolisieren die Atemübung beim Erlernen des *koto-dama*. Hierzu sagte Meister Ueshiba:

»Wenn das Dreieck, der Kreis und das Viereck eins werden, bewegt es sich in kreisförmiger Drehung im Einklang mit dem Fluß des Ki, und das Aikidō des *sumi-kiri* tritt in Erscheinung.«

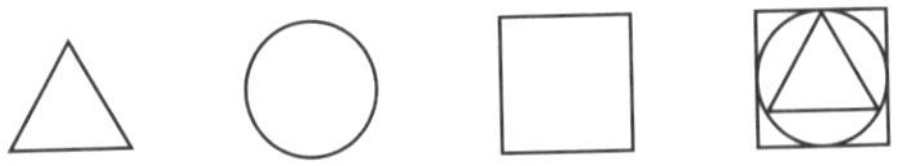

Die Tatsache, daß der Aiki-Schrein, der eine komplexe Philosophie widerspiegelt, trotz der schwierigen Jahre am Ende des Zweiten Weltkrieges überhaupt fertiggestellt werden konnte, ist den Anstrengungen eines Zimmermannmeisters namens Matsumoto aus Iwama und der unermüdlichen Unterstützung seitens zahlloser Aikidōka seit Anfang des Aikidō zu verdanken. Die Fertigstellung des inneren Heiligtums des Aiki-Schreins im Jahre 1943 war ein Ereignis, bei dem Meister Ueshiba Freudentränen in den Augen standen. Sein lebenslanger Traum war in Erfüllung gegangen, und das Fundament für die Zukunft des Aikidō gelegt. Der Schrein ist jetzt das Mekka für alle wahrhaften Schüler dieser Kunst.

Die Hauptfeier, die am 29. April in jedem Jahr auf dem Gelände des Aiki-Schreins veranstaltet wird, führt nicht nur Aikidō-Enthusiasten aus Tōkyō, sondern auch aus dem ganzen In- und Ausland zusammen. Dieses feierliche Ereignis findet in der Aikidō-eigenen Atmosphäre der Fröhlichkeit statt. Ich persönlich fühle mich immer vollkommen gereinigt, wenn ich vor diesem Schrein bete und eine Vorführung gebe.

Ein überdachtes Dōjō im Freien, der zweite Punkt von Meister Ueshibas Plan, wurde in einer Ecke seines Bauernhofes erbaut. Da die Anzahl seiner Schüler jedoch stetig zunahm, war es notwendig, eine kleine, zusätzliche Übungshalle von 100 m^2 zu bauen, welche 1945 unmittelbar nach Ende des Zweiten Weltkrieges fertiggestellt wurde. Dies wich zwar vom ursprünglichen Ziel ab, Landwirtschaft mit den Kampfkünsten zu vereinen, brachte jedoch dem Aikidō unerwartete Vorteile.

Während der drei Jahre unmittelbar nach dem Krieg mußte das Hombu Dōjō in Wakamatsu-chō seine Aktivitäten aus einer Reihe von Gründen einschränken, nicht zuletzt wegen des Verbotes aller Kampfkünste, das von den Alliierten Besatzungsmächten verhängt worden war. Alle Aktivitäten des Hombu Dōjō wurden deshalb nach Iwama verlegt. So war das

Aikidō in der Lage, zu einer Zeit, in der das allgemeine Klima und die allgemeine Stimmung gegenüber den Kampfkünsten äußerst negativ war, aufgrund seines Dōjō in Iwama durchzuhalten. Heute heißt es »Ibaraki Dōjō« und ist der Erinnerung an Meister Ueshiba gewidmet.

Meister Ueshiba hatte schon lange das Ideal der Gründung eines Aiki-Zentrums gehegt. Daß dies, wenn auch mit minimalen Änderungen, inmitten der schwierigen Kriegsjahre und der chaotischen Nachkriegszeit vollbracht wurde, kommt fast einem Wunder gleich. Es muß für Meister Ueshiba sehr erfreulich gewesen sein, dem hektischen Treiben in Tōkyō zu entkommen und sich der Verwirklichung des Ideals des wahren Budō gänzlich widmen zu können.

Der neue Aufwärtstrend für Aikidō begann 1948 mit der offiziellen Anerkennung des »Aikikai« als die neue juristische Körperschaft. Aikidō wurde im September 1956 im Takashimaya-Kaufhaus in Tōkyō zum ersten Mal öffentlich vorgestellt, und die erste öffentliche Vorführung, die vom Aikikai unterstützt wurde, fand im Mai 1960 in der Yamano-Halle in Tōkyō statt. Der Höhepunkt des Wiederaufblühens in der Nachkriegszeit wurde im Januar 1969 mit der Fertigstellung des neuen Hombu Dōjō erreicht.

Wenn ich den Aufschwung sehe, den das Aikidō zu verzeichnen hat, muß ich zwangsläufig über die Entscheidungen nachdenken, die Meister Ueshiba während der Kriegsjahre und unmittelbar danach getroffen hat. Hätte Meister Ueshiba, anstatt sich nach Iwama zurückzuziehen, es zugelassen, daß das Kōbukan Aiki-budō im Zusammenschluß der Kampfkünste während des Krieges untergegangen wäre, dann wäre damit vielleicht die Geschichte des Aikidō zu Ende gewesen. Sowohl der Name des genialen Budōka Ueshiba Morihei samt der Bezeichnung Aikidō als auch ihr kurzes, aber dennoch glorreiches Kapitel im Budō der Vorkriegsjahre wären vielleicht in die Geschichtsbücher verbannt und mit der Zeit zu bloßen obskuren Legenden in den Annalen der Kampfkünste geworden.

Das Aikidō verdankt seinen heutigen Ruf und Erfolg Meister Ueshibas Entscheidung, sich im Hinterland von Iwama einer spirituellen Suche nach dem Wesen der Kampfkünste zu widmen. Durch sein eigenes Beispiel zeigte Meister Ueshiba, daß der Erfolg des Aikidō nicht an der Anzahl der Anhänger, sondern an der Tiefe und Intensität der persönlichen Suche nach der Wahrheit durch Trainieren und Üben zu messen ist. Das, glaube ich, ist der Hauptgrund, warum Aikidō zu dem geworden ist, was es heute ist.

Der Zen-Spruch »Sinnen wir über unsere Schritte nach« fordert uns auf, immer aufzupassen, daß unsere Füße auf festem Boden stehen. Als Aikidōka müssen wir der Aufforderung »Sinnen wir über unsere Schritte nach« immer folgen, auch dann, wenn wir mit hohem Idealismus und einer großen Leidenschaft für die Wahrheit gemeinsam vorwärts gehen.

Es gibt nichts Wünschenswerteres als Wachstum und Ausdehnung. Wenn wir jedoch nur Augen für oberflächliche Geschehnisse haben und das Wesen des Aikidō aus den Augen verlieren, dann verliert unser WEG seine Lebendigkeit, seine Einheit, er zerfällt schließlich, genauso wie ein Kreisel seinen Schwung, sein Gleichgewicht verliert und früher oder später umkippt. Wenn ich an die Jahre denke, die Meister Ueshiba in Iwama verbracht hat, um über sich selbst nachzudenken, erinnert mich das erneut an meine wichtigste Aufgabe.

Meister Ueshiba bei einer Vorführung
auf dem Gelände des Aiki-Schreins (1962)

Meister Ueshiba demonstriert *shōmen-uchi* (frontaler Schlag zum Kopf) (Noma Dōjō, Tōkyō, 1936)

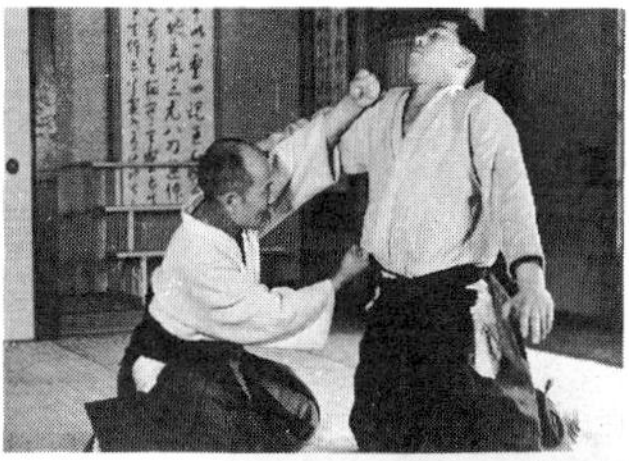

Eine Variation des *irimi-nage*
(Noma Dōjō, 1936)

Vorführung des *kokyū-nage* (Noma Dōjō, 1936)

Vorführung von Grundtechniken, Beispiel: *kokyū-nage* (Wakayama, 1951)

Vorführung des *kokyū-nage* (Wakayama, 1951)

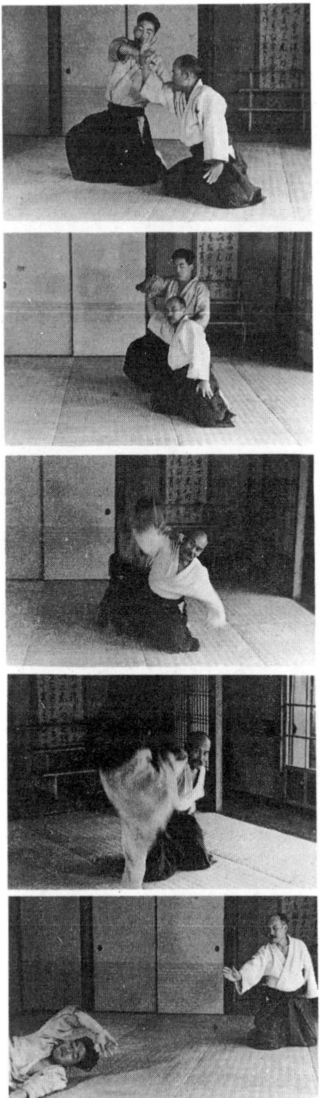

Vorführung des *kokyū-nage* (Noma Dōjō, 1936)

Vorführung des *kokyū-nage* (Wakayama, 1951)

Irimi-nage kombiniert mit einem *atemi* zum Gesicht (Noma Dōjō, 1936)

(Vorführung des *hanmi-handachi* (gegenüberstehend, halbstehend) *shihō-nage* (Noma Dōjō, 1936)

Meister Ueshiba erholt sich auf dem Gelände des Aiki-Schreins (Iwama, 1962)

Meister Ueshibas 80. Geburtstag, der 1963 im Hombu Dōjō gefeiert wurde. Meister Ueshiba und seine Frau Hatsu.

Aikidō fasst Fuss in der Welt

INTERNATIONALE VERBREITUNG UND TRADITION

Der Dritte Kongreß der International Aikidō Federation wurde 1980 in Paris veranstaltet. Delegierte aus aller Welt diskutierten und stimmten der internationalen Verbreitung des Aikidō mit dem Hombu Dōjō in Tōkyō als Zentrum einhellig zu. Die Atmosphäre war während des viertägigen Kongresses mit Begeisterung für dieses Vorhaben geladen.

Im höchsten Maße erfreulich war die erneute Beteuerung seitens der Delegierten, daß Aikidō das Beste der spirituellen Kultur Japans verkörpere. Sie erkannten nicht nur die Einmaligkeit des Aikidō an, sondern auch dessen philosophische Basis, die in der japanischen Tradition tief verwurzelt ist. In der Tat führte die Mehrzahl ihr Interesse am Aikidō unmittelbar darauf zurück, daß es das Beste der japanischen Kultur darstelle.

Ich erwähne diesen Punkt, weil ich seit einiger Zeit um die Art und Weise besorgt bin, in der sich traditionelle japanische Kampfkünste im Ausland entwikkelt haben. Wenn sie in ein anderes Land verpflanzt werden, scheinen einige der Kampfkünste ihre kennzeichnenden, traditionellen Wurzeln zu verlieren und werden auf bloßes physisches Können reduziert. Zum Schluß verschiebt sich der Mittelpunkt der Kunst in jene Länder, die physisch starke und technisch versierte Wettkämpfer produzieren. Ich kann der Meinung nicht zustimmen, daß dies bei der internationalen Verbreitung unvermeidlich sei. Was Aikidō anbelangt, ist sein Wesen aus der Einmaligkeit der japanischen Philosophie entstanden, und ich bin davon überzeugt, daß derjenige, der dem nicht zustimmt, kein Aikidōka mehr ist. Die internationale Verbreitung des Aikidō heißt nicht, die einmalige Tradition zu internationalisieren, sondern daß sich Aikidōka in jedem Land ändern und mit der Tradition vereinen sollten.

Während des gesamten Kongresses drückte ich gegenüber Delegierten aus verschiedenen Ländern meine Besorgnis aus, und ich glaube, die Mehrheit akzeptierte und unterstützte meinen Standpunkt. Dies ist wahrscheinlich darauf zurückzuführen, daß Aikidō vor allem ein spiritueller WEG ist, der jegliche Form des Wettbewerbs oder von Turnieren verpönt, aus dem einer als Sieger oder Verlierer hervorgeht und bei dem sich alles um das Siegen dreht.

Das Turniersystem ist die Wurzel des Problems, das mit der internationalen Verbreitung der japanischen Kampfkünste entsteht. Während Turniere bei der Verbreitung der Kampfkünste in aller Welt eine entscheidende Rolle gespielt haben, unterdrücken sie gleichzeitig die einmalige Eigenschaft des Budō (im Gegensatz zum Bujutsu), die in erster Linie die Kultivierung des Geistes ist. Wenn Kraft alles bestimmt, verlieren die Wege der japanischen Kampfkünste ihr wahres Wesen, und es ist dann nur natürlich, daß physisches Können in den Vordergrund rückt. Wenn dies geschieht, tritt Japan seinen Anspruch auf die Entwicklung einer einmaligen Kampfkunst ab, die sich nicht mit Gewalt und Brutalität, sondern mit Frieden und Liebe beschäftigt.

Ich wiederhole diesen Punkt, weil ich nicht möchte, daß das Aikidō dieselben Fehler macht wie die anderen Kampfkünste, die sich in der ganzen Welt verbreitet haben. Ich bin jenen Aikidō-Lehrern, die die Samen der Kunst in die verschiedenen Länder der Welt getragen haben, natürlich für ihre uneigennützigen Anstrengungen und Opfer zu Dank verpflichtet. Die Verbreitung des Aikidō begann in den 50er Jahren in Frankreich, Hawaii, New York und in anderen Teilen der Vereinigten Staaten und setzte sich in den 60er Jahren in England, Italien, Brasilien, Argentinien, Australien sowie in südostasiatischen Ländern fort. Ich begrüßte diese Entwicklungen, konnte jedoch den vielen Einladungen, die ausländischen Aikidō-Zentren zu besuchen, nicht sofort Folge leisten, hauptsächlich wegen der oben erwähnten Besorgnis.

Nach sorgfältiger Erwägung der Angelegenheit kam ich zu dem Schluß, daß wir fortfahren könnten, wenn wir zuerst zwei Hauptpunkte bezüglich des Aikidō klarstellten: erstens, das Wesen des Aikidō liegt in der einmaligen japanischen Philosophie, welche die spirituelle Suche zum obersten Prinzip des Budō erklärt, und zweitens, die von Meister Ueshiba gegründete, wettbewerbsfreie Tradition ist die einzig wahre Form des Aikidō. Solange wir diese beiden Prinzipien akzeptieren und bestätigen können, lassen sich die Fehler vermeiden, die bei der Verbreitung der anderen Kampfkünste gemacht worden sind. Und solange wir beim Aikidō die Ablehnung wettbewerbsorientierter Turniere aufrechterhalten, werden wir die Integrität des wahren Budō nicht verlieren.

Diese Punkte standen eindeutig im Mittelpunkt, als wir im November 1975 in Madrid die Möglichkeit der Gründung der International Aikidō Federation erörterten. Die erste allgemeine Tagung der International Aikidō Federation fand im Oktober des folgenden Jahres in Tōkyō statt, und 1981 setzte sich die Federation aus 40 Mitgliedsländern und über 100.000 Aikidōka – davon 20.000 allein in Frankreich – zusammen.

Der Dritte Kongreß der International Aikidō Federation im Jahre 1980 war ein wahrlich bedeutsames Ereignis, da es den Anbruch eines neuen Zeitalters für die weltweite Aikidō-Bewegung ankündigte. Für mich als Dōshu war jenes Ereignis aufgrund der Unterstützung, die ich hinsichtlich meiner Besorgnisse und Ideen für die zukünftige Entwicklung des internationalen Aikidō erhielt, äußerst ermutigend.

Als ich nach meiner Rückkehr nach Japan die Zeitungen durchsah, fiel mir der folgende Artikel im Nihon Keizai Shimbun vom 30. September 1980 auf. Darin war zu lesen:

»Das erwachende Interesse an den japanischen Kampfkünsten ist wirklich erstaunlich. Zuerst gab es nur Jūdō-Dōjō, aber heutzutage gibt es überall Aikidō- und Karate-Dōjō, und jeder – vom Durchschnittsmenschen bis zum Intellektuellen – genießt das Training. Ab heute wird in Paris fünf Tage lang (30. September - 4. Oktober) ein Kongreß der International Aikidō Federation veranstaltet. Delegierte aus vierzig Ländern Europas, Nord- und Südamerikas, Südostasiens usw. haben sich versammelt, und es wird erwartet, daß die öffentliche Vorführung am dritten

Tag 5.000 Zuschauer anlocken wird.

Warum ist japanisches Budō so beliebt? Im Falle von Aikidō ist es kein Kampfsport, der dazu dient, einen Sieger festzustellen, und jeder – ob mittleren Alters, schon älter, Frau oder Kind – kann ohne Bedenken daran teilnehmen. Dies macht es für diejenigen attraktiv, die sich aus gesundheitlichen Gründen irgendwie sportlich betätigen wollen. Noch wichtiger ist jedoch sein Appell hinsichtlich der Pflege von Etikette und richtigem Benehmen, Aspekte, die es in den westlichen Sportarten nicht gibt, sowie seine Anziehungskraft für das Geheimnisvolle des Ostens, das in *waza* zu finden ist, und das den Körper und Geist völlig in Anspruch nimmt. Hinzu kommt die positive Lebenseinstellung der Aikidōka: sie benötigen keine komplizierten Geräte für ihr Training und betrachten alle auf der Matte als gleichwertig.

Das Geheimnis des Erfolges der japanischen Wirtschaft beruht auf dem Ziel, die Grundtechniken – ob in der Elektronik oder in der Automobilherstellung – zu beherrschen, und nachdem diese vollständig verarbeitet worden sind, sich etwas Neues einfallen zu lassen. Förderlich ist bei diesem Unterfangen der Geist der Harmonie und der Zusammenarbeit, der von *aiki* verkörpert wird. Wir hoffen, daß diese grundlegende Botschaft den Menschen im Westen bei der Tagung der Internaional Aikidō Federation vermittelt wird. Jedoch dürfen die Japaner eins nicht vergessen: Hochmut kommt vor dem Fall.«

Mir erschienen die Bemerkungen des Journalisten zum Interesse des Westens am Aikidō sehr scharfsinnig. Ich selbst bin schon seit längerer Zeit der Meinung, daß die Betonung auf »Etikette und richtigem Benehmen« die Hauptanziehungskraft ist, und ich habe den Eindruck gewonnen, daß die meisten Aikidōka den Stellenwert der Etikette und des richtigen Benehmens sowie des sogenannten »Geheimnisvollen des Ostens« richtig verstehen. Es hat natürlich noch nicht jeder dieses Niveau erreicht. Es gibt Unterschiede je nach kulturellem Hintergrund, und das allgemeine Verständnis für diesen Themenbereich mit seinem Bezug auf das Wesen des Aikidō ist unter nachdenkenden japanischen Aikidōka vielleicht ausgeprägter. Jedoch kann ich mit Gewißheit sagen, daß es unter den Menschen im Westen einige gibt, die bei ihrer Suche nach dem Spirituellen im Budō eine größere Intensität an den Tag legen als der Durchschnittsjapaner, der Aikidō betreibt.

Unter den französischen Aikidōka gibt es viele, die sich in die Zen-Ausbildung vertieft haben und daher Aikidō als eine dynamische Form des Zen betrachten. In England bekunden Studenten und Graduierte der Universitäten von Oxford und Cambridge sowie anderen Universitäten große Zustimmung für die Ideale des Aikidō, wie sie sich in seiner Weltauffassung und der Integration von Körper und Geist manifestieren. Viele Aikidōka, die ich in den Vereinigten Staaten getroffen habe, suchen im Aikidō-Training einen Schlüssel zu ihrer eigenen Identität. In Deutschland wiederum sehen einige im Aikidō das Wesen des japanischen Geistes und glauben, daß es dazu beitragen könnte, aus der Sackgasse herauszukommen, in die die westliche Zivilisation geraten ist. In Südostasien hat plötzlich eine Welle des Interesses am Aikidō eingesetzt. Einer der Gründe hierfür scheint der Glaube zu sein, daß der durch das Budō geförderte, starke Geist eventuell zu Japans wirtschaftlichem Wohlstand beigetragen hat, einem Phänomen, das sowohl mit Erstaunen als auch mit Neid beobachtet wird.

Hier führe ich lediglich in allgemeiner Form meine Eindrücke an, warum sich die Menschen in unterschiedlichen Ländern für Aikidō interessieren; sie sind nicht das Ergebnis irgendeiner objektiven Umfrage. In Wahrheit muß ich die Gründe für das Interesse selbst noch genau erfassen. Dank der Gespräche mit Ausländern sowohl im Hombu Dōjō als auch auf meinen zahlreichen Reisen ins Ausland mögen meine Eindrücke jedoch eventuell etwas Wahres enthalten.

Viele, so scheint mir, die durch die Tore des Aikidō eingetreten sind, haben keinen direkten, sondern einen indirekten Weg genommen, d.h. viele sind von der – ihrer Ansicht nach – japanischen Spiritualität beeindruckt, die durch Harmonie und Zusammenarbeit gekennzeichnet ist. Sie wenden sich deswegen dem Aikidō zu, weil das Aikidō dies am besten zu symbolisieren scheint. Und wenn sie anfangen zu trainieren, lernen sie von der Einheit des Selbst mit dem eigenen Körper, der Natur und dem Universum, und sie trainieren ihr Leben lang.

Eine solche Herangehensweise an das Aikidō begünstigt eine sehr intellektuelle Auffassung von seinem Wesen. Vielleicht ist dies der Tatsache zu verdanken, daß das Aikidō unter den Menschen im Westen tendenziell gebildete, nachdenkende Menschen anzieht, und eben weil sie intelligent sind, begreifen sie Aikidō sowohl in seiner Besonderheit – als höchstem

Ausdruck japanischer Spiritualität – als auch in seiner Universalität – der Schönheit und Rationalität der Bewegungen des Aikidō.

Die Zukunft des Aikidō ist gesichert, solange sich alle Aikidōka – ob Japaner oder Aikidōka aus anderen Ländern – bemühen, hart zu trainieren und danach streben, spirituelle Erfüllung zu erlangen. Sind diese beiden Ziele erreicht, so können wir unseren Beitrag dazu leisten, die Welt zu einem besseren Ort für uns selbst und für unsere Kinder zu machen. Das ist schließlich das Ziel des wahren Budō.

Eine Brücke zum Frieden und zur Harmonie

Zu der Zeit, als uns die Frage nach der richtigen weltweiten Verbreitung des Aikidō beschäftigte, drückte Meister Ueshiba seine positive Meinung zu der Internationalisierung des Aikidō wie folgt aus:

»Das wird wunderbar sein. Aikidō ist die Brücke zum Frieden und zur Harmonie für die ganze Menschheit. Das erste Schriftzeichen des Wortes für Kampfkunst, *bu*, heißt »Waffen der Zerstörung abwehren«. Nichts könnte mich glücklicher machen, als daß die Menschen auf der ganzen Welt seine wahre Bedeutung verstünden. Der Schöpfer dieses Universums, das die Heimat der gesamten Menschheit ist, ist auch der Schöpfer des Aikidō. Das Herz des japanischen Budō ist ganz einfach Harmonie und Liebe. Es ist nur natürlich, daß es jeder willkommen heißen würde.«

Einige von Meister Ueshibas Lieblingsgedichten geben den gleichen Gedanken wieder:

Ai-ki, die Wurzel
der Macht der Liebe,
läßt die Liebe gedeihen
in alle Ewigkeit.

Das große Universum selbst
ist der WEG des *aiki* –
ein Licht für unzählige Völker,
das die Welt erschließt.

Diese schöne Gestalt
von Himmel und Erde
ist eine einzige Bleibe,
durch den Schutzgeist geschaffen.

Meister Ueshiba wurde eingeladen, der Eröffnungszeremonie für das neue Aikidō-Zentraldōjō in Hawaii am 28. Februar 1961 beizuwohnen. Er war schon 78 Jahre alt und stieg souverän in das Flugzeug. Bei seiner Abschiedsfeier hielt er eine kurze Rede, die man so zusammenfassen könnte:

»Ich fahre nach Hawaii, um eine ›Silberne Brücke‹ zu bauen. Ich baue zur Zeit in Japan an einer ›Goldenen Brücke‹, aber ich werde auch Brücken im Ausland bauen, d.h. über das Aikidō eine Brücke zwischen Ost und West. Es ist das Aikidō, das überall Brücken baut und alle Menschen durch Harmonie und Liebe miteinander verbindet. Dennoch trainiere ich immer noch, denn ich will nicht nur Brücken bauen, sondern mich noch eingehender mit dem Kern des wahren Budō befassen. Die wahre Kampfkunst, die ich *takemusu aiki* nenne, umarmt alle Lebewesen in Liebe und arbeitet für den Frieden der ganzen Menschheit.«

Obwohl er sich sehr kurz faßte, drückte Meister Ueshiba das aus, wonach alle Aikidōka streben müssen: man soll sich für das Wohlergehen der ganzen Menschheit engagieren, Liebe und Frieden fördern und sich gleichzeitig noch eingehender mit dem Trainieren und Üben befassen mit dem Ziel, das wahre Wesen des Universums zu erkennen. Ich nehme diese Ermahnung ernst, besonders jetzt, da das Aikidō weltweit zu gedeihen scheint. Ich will Tag für Tag unaufhörlich und hart trainieren und dadurch den wahren Wert des Aikidō sichtbar machen.

Die Tatsache, daß das Aikidō einen guten Ruf genießt und die Bewunderung von Menschen als eine ideale Form des Budō gewonnen hat, verdanken wir den Bestrebungen von Meister Ueshiba und den Pionieren, die durch Hingabe an das Trainieren den Grundstein gelegt haben. Das Aikidō hat die Wirren der neueren Geschichte überlebt, weil die Notwendigkeit, sein spirituelles Ziel durch diszipliniertes Üben zu erlangen, hervorgehoben wurde. Aber der Punkt, an dem wir uns in diesem Moment der Geschichte befinden, ist nur eine Stufe in einem Entwicklungsprozeß, und wir müssen dafür sorgen, daß seine Kontinuität in der unsicheren Zukunft gewahrt bleibt. Dies wird uns gelingen, solange uns der Geist des Aikidō lieb und teuer ist, jene Kunst der Liebe und Harmonie, die auch den Kern der universellen Realität darstellt.

Glossar

ai Harmonie
aikidōka Aikidō Praktizierender
ashi-sabaki Fußbewegungen
atemi direkter Schlag
bō Stab
bodhimanda Ort der Verwandlung des ichzentrierten ins ichlose Selbst
bokutō Holzschwert
budō WEG der Kampfkünste
bugei Kampfkünste
bujutsu Kampftechniken
dō der Weg, die Lehre
dōjō Ort der Erleuchtung, Übungshalle
enten kreisförmige Drehung
funakōgi ›Ruder‹übung
furitama Übung, bei der sich das Ki setzt
genki Lebenskraft
hakama lange, rockähnliche formelle Bekleidung
hanmi schräg gegenüberstehend
heiki Gelassenheit
Hombu Dōjō Aikikai-Hauptsitz in Tōkyō
iki Willenskraft
irimi Eintreten
irimi-issoku Eintreten mit einem einzigen Schritt
irimi-nage eintretender Wurf
jō Stock
kaiki Lebenserneuerung
kaiso Gründer
kamae Grundstellung

kami Gottheit, göttliche Eingebung
kan intuitives Können
kata Form
katame-waza Armhaltetechniken am Boden
keiko Übung, Training
ken Schwert
kenjutsu Schwertkampf
ki schöpferisches Urprinzip (Kraft, Energie)
ki-shin-tai Ki/Geist/Körper
kisoku die Atmung verlängern
kitō Steigen und Fallen
kōan mit rationalen Mitteln unlösbare Rätselfrage im Zen, die zu seiner Essenz führen soll
kokyū-hō Atemmethode
kokyū-nage Atemwurf
kokyū-ryoku Atemkraft
kote-gaeshi Handgelenkhebel
koto-dama Wort-Geist
ma-ai korrekter Abstand
me-tsuke das Fixieren der Augen
nage der Führende
nen gebündelte Konzentration, Gedanken-Moment
omote Vorderseite
Ō-Sensei wörtlich ›großer Lehrer‹. Respektvoller Titel von Meister Ueshiba
randori Abwehr eines einzelnen gegen viele
seika tanden Körperzentrum, Körpermitte
seiki Geist-Energie
seiza formelle Sitzart
shihō-nage Wurf in vier Richtungen
shikaku toter Winkel
shiki Kampfgeist

shikkō Bewegungen auf den Knien
shinogi gratartige Erhebung entlang des Schwertes zwischen Schneide und Rücken
shisei korrekte Körperhaltung
shōmen-uchi frontaler Schlag zum Kopf
shūki Speicherung von Energie
suki Öffnung
sumi-kiri Klarheit von Körper und Geist
suri-ashi gleitende Füße
suwari-waza Bodentechniken
tachi-waza Techniken im Stehen
tai-buki-waza Verteidigung gegen einen bewaffneten Angreifer
tai-sabaki Körperbewegungen
take-musu Kampfkunst-schöpferische Lebenskraft
tantō Messer
tatami Reisstrohmatte
te-gatana Schwerthand
uchideshi im Dōjō lebender Schüler
uke der Geführte bzw. Geworfene
ukemi Fallen
ura Rückseite
waza Technik
yōki das Kultivieren der Energie
yokomen-uchi Handkantenschlag seitlich zum Kopf
yūki Tapferkeit